新时代马克思主义教育理论创新与发展研究丛书

总 主 编 靳 诺
执行主编 翟 博 张 剑

国家出版基金项目
NATIONAL PUBLICATION FOUNDATION

# 坚持社会主义办学方向

朱庆葆　主编

中国人民大学出版社
·北京·

# 编 委 会

**总 主 编** 靳 诺

**执 行 主 编** 翟 博 张 剑

**编委会成员** （按姓氏音序排列）

蔡 春　樊 伟　冯玉军　顾昭明

胡百精　靳 诺　刘复兴　孟繁华

秦 宣　任 青　檀慧玲　唐景莉

王树荫　王庭大　吴潜涛　杨伟国

袁占亭　袁自煌　翟 博　张 剑

张晓京　郑水泉　周光礼　朱庆葆

# 总　序

## （一）

党的十八大以来，以习近平同志为主要代表的中国共产党人高举马克思主义伟大旗帜，深入总结中国共产党成立 100 年来的历史经验，全面概括新中国成立 70 多年来我国建设社会主义的历史成就，系统汲取改革开放 40 多年来中国特色社会主义的理论营养，深刻揭示共产党执政规律、社会主义建设规律和人类社会发展规律，逐步发展、形成了习近平新时代中国特色社会主义思想。党的十九大把习近平新时代中国特色社会主义思想确立为我们党必须长期坚持的指导思想并庄严地写入党章。第十三届全国人民代表大会第一次会议通过宪法修正案，郑重地把习近平新时代中国特色社会主义思想载入宪法。习近平新时代中国特色社会主义思想，是新时代中国共产党的思想旗帜，是国家政治生活和社会生活的根本指针，是当代中国马克思主义、21 世纪马克思主义。

教育是国之大计、党之大计。习近平总书记高度重视教育在国家发展、民族复兴、人民幸福总体战略中的基础性、全局性、先导性作用，对教育的功能、地位、方向、属性、任务、改革、科研、评价、法治、保障、队伍建设、对外开放、信息化，以及研究生教育、在教育领域加强党的全面领导等许多重大的、带有根本性的问题都作出了科学、系统的论述，对推进教育改革发展作出了一系列重大决策，对教育改革创新作出了一系列重大部署，为中国特色社会主义教育事业的发展指明了方向。

2018年9月10日，全国教育大会在北京隆重召开。习近平总书记出席会议并发表了重要讲话。面对世界百年未有之大变局，面对新时代坚持和发展什么样的中国特色社会主义、怎样坚持和发展中国特色社会主义的重大时代课题，面对中国教育改革发展新的历史起点上的新的战略抉择，他旗帜鲜明地提出了教育"九个坚持"新理念新思想新观点，即坚持党对教育事业的全面领导，坚持把立德树人作为根本任务，坚持优先发展教育事业，坚持社会主义办学方向，坚持扎根中国大地办教育，坚持以人民为中心发展教育，坚持深化教育改革创新，坚持把服务中华民族伟大复兴作为教育的重要使命，坚持把教师队伍建设作为基础工作。

教育"九个坚持"对改革开放40多年来我们党领导中国特色社会主义教育事业改革发展的成功实践作出了科学总结，系统阐述了新时代关系我国教育事业改革发展的一系列方向性、全局性、战略性问题，是新时代习近平总书记关于教育工作的最集中、最全面、最系统的重要论述，集中反映了习近平总书记关于教育的重要论述的核心思想，是新时代我国教育事业改革发展的行动指南，是新时代马克思主义教育理论的创新与发展，把我们党对中国特色社会主义教育事业本质和规律的认识提升到了新的高度，为新时代我国深入推进教育领域综合改革、加快推进教育现代化、努力建设教育强国提供了科学思想指引和强大精神动力。

教育"九个坚持"全面体现了马克思主义理论和社会主义教育的历史逻辑，紧紧围绕培养什么人、怎样培养人、为谁培养人、谁来培养人这一根本问题，深刻回答了新时代坚持和发展什么样的中国特色社会主义教育、怎样坚持和发展中国特色社会主义教育等重大课题，全面反映了社会主义教育的本质和规律。教育"九个坚持"从教育的地位和作用、人的全面发展、教育与生产劳动相结合等理论维度出发，创新发展了马克思主义教育思想，开辟了中国特色社会主义教育理论新境界。

## （二）

中国人民大学是新中国成立后建立的第一所新型正规大学，在中国人文社会科学研究领域独树一帜，是中国共产党扎根中国大地创办的新型高等教育的杰出代表。我们党100年来办教育的经验表明，新中国成立70多年来教育改革发展的伟大成就表明，改革开放40多年来中国特色社会主义教育的伟大实践表明，新时代我国教育改革创新的伟大探索表明：坚持扎根中国大地办教育，必须坚持马克思主义的指导地位，努力把高校建设成为学习、研究、宣传马克思主义的坚强阵地；坚持扎根中国大地办教育，必须加强党对教育事业的全面领导，把党的教育方针全面贯彻到学校工作的各个方面；坚持扎根中国大地办教育，必须以人民为中心办教育，努力办好人民满意的教育；坚持扎根中国大地办教育，必须坚持中国特色社会主义教育发展道路，办具有中国特色、世界水平的现代教育；坚持扎根中国大地办教育，必须把立德树人作为根本任务，培养德智体美劳全面发展的社会主义建设者和接班人。

中国人民大学的教育学科有着悠久的历史传统，传承了延安时期中国共产党建设马克思主义教育学的红色基因。以吴玉章先生、成仿吾先生等为代表的中国共产党的红色教育家和教育学家是开创我们党在现代正规大学中建设教育学科事业的先驱者。1950年10月3日，以华北大学为基础合并组建的中国人民大学正式开办，设教育学教研室以及专修科教育班，在全国最早引进以马克思主义为指导的苏联教育家凯洛夫主编的《教育学》，招收了新中国第一届教育学硕士研究生。可以说，当时的中国人民大学是培养新中国马克思主义教育学家的摇篮，为新中国教育学科的建设与发展、马克思主义教育理论在中国的传播与研究作出了历史性贡献。长期以来，无论是在延安时期还是中华人民共和国成立以后，无论是在改革开放的新时期还是党的十八大以来的新时代，中国人民大学始终不忘历史，不忘初心，把继承我们党马克思主义教育学研究的历史传统、赓续红色血脉作为自己的重要使命。

在新时代，我们深入研究、学习和领会习近平总书记教育"九个坚持"新理念新思想新观点，能够更加深刻地解释并更加全面地解答新时代坚持和发展什么样的中国特色社会主义教育、怎样坚持和发展中国特色社会主义教育等重大课题，同时也能够在世界百年未有之大变局中寻找指导教育改革创新和对外开放的战略思路，推动中国特色社会主义教育"走出去"，为世界教育发展提供中国经验、中国智慧和中国方案。深入研究、学习和领会习近平总书记教育"九个坚持"新理念新思想新观点，必须把握好以下几个维度：一是历史的维度。"九个坚持"是在继承马克思主义教育思想，科学总结我国社会主义教育特别是中国特色社会主义教育改革发展历史经验的基础上提出来的，是习近平新时代中国特色社会主义思想的有机组成部分。我们要用历史的眼光来研究、学习和领会"九个坚持"。二是问题的维度。"九个坚持"从新时代我国教育的战略定位、根本任务、根本宗旨、发展道路、依靠力量、领导核心等方面，系统阐述了我国教育事业改革发展的一系列方向性、全局性、战略性问题。我们要从新时代中国特色社会主义教育改革发展的实际出发研究、学习和领会"九个坚持"。三是国际的维度。"九个坚持"从推动构建人类命运共同体和人类文明对话与互鉴的高度，充分借鉴了世界各国和国际组织先进的教育改革发展理论和经验，也为世界提供了教育改革发展的中国经验与中国方案。我们要从国际视野出发研究、学习和领会"九个坚持"。四是未来的维度。"九个坚持"面向"两个一百年"奋斗目标，立足于实现教育现代化，建设教育强国，把服务中华民族伟大复兴作为教育的重要使命。我们要从建设社会主义现代化强国的未来目标出发研究、学习和领会"九个坚持"。

## （三）

"新时代马克思主义教育理论创新与发展研究丛书"正是我们深入研究、学习和领会习近平总书记教育"九个坚持"新理念新思想新观点的一套代表作品，是一套力图深刻揭示教育"九个坚持"中蕴含的习近平新时代中国特色社会主义思想基础和社会主义教育事业发展规律、反映新时代马克思主义教育理论研究新成果的丛书，是一套关于新时代中国特色社会主义教育理论的创新之作，对研究和阐释习近平总书记关于教育的重要论述和习近平新时代中国特色社会主义思想具有重要意义。该丛书可以为新时代中国特色社会主义教育改革创新提供理论参照，可以为以人民为中心发展教育、办好人民满意的教育提供理论支撑。

丛书共有九本，分别对坚持党对教育事业的全面领导、坚持把立德树人作为根本任务、坚持优先发展教育事业、坚持社会主义办学方向、坚持扎根中国大地办教育、坚持以人民为中心发展教育、坚持深化教育改革创新、坚持把服务中华民族伟大复兴作为教育的重要使命、坚持把教师队伍建设作为基础工作等"九个坚持"的核心要义的理论价值和实践意义进行了系统阐释。一是重点阐述了教育"九个坚持"的历史背景，二是系统研究、深刻理解和把握了教育"九个坚持"的科学内涵，三是概括和分析了教育"九个坚持"的历史逻辑、理论创新和时代价值，四是阐释了教育"九个坚持"对马克思主义的继承、发展与创新，五是研究和提出了贯彻落实教育"九个坚持"的手段和途径。

2021年是"十四五"规划的开局之年，是全面建设社会主义现代化国家新征程的开启之年，也恰逢中国共产党成立100周年。在这样一个特殊的历史时刻，希望"新时代马克思主义教育理论创新与发展研究丛书"的出版，能够全面总结我们党百年来的教育理论与实践经验，系统学习、研究习近平总书记关于教育的重要论述，重点展现新时代马克思主义教育理论研究的新成果，切实为支持与引领新时代我国的教育改革创新、发展新时代中国化马克思主义教育学作出新的理论贡献！

靳　诺

**2021 年 5 月 12 日**

# 前　言

习近平总书记在全国教育大会上提出的"九个坚持",思想深刻、内涵丰富、意义重大,为当前和今后一个时期教育工作提供了根本遵循。为系统研究、广泛宣传全国教育大会精神,中国教育报刊社《中国高等教育》杂志与中国人民大学教育学院组织全国相关高校力量编写了一套"新时代马克思主义教育理论创新与发展研究"丛书。丛书以习近平总书记在全国教育大会上提出的"九个坚持"新理念新思想新观点为主要背景和内容,系统研究、深刻阐释习近平总书记关于教育的重要论述。本书编写组参与编写的是作为"九个坚持"之一的"坚持社会主义办学方向"。

"坚持社会主义办学方向"这一重要论断是长期以来中国共产党对中国教育发展方向提出的根本要求,是中国教育实践沿着正确方向发展的行动指南,也是中国教育发展取得重大成就的一项基本经验。作为我国教育发展实践中经常提及的话语,已为公众所熟悉。但对这一提法的理论概括和系统阐发,应该说才刚刚起步。事实上,这一重要论断与马克思主义教育本质思想是一脉相承的,反映了以习近平同志为核心的党中央对我国教育事业发展的规律性认识,为新时代我国教育事业的发展指明了方向,具有深刻的理论逻辑、历史逻辑和现实逻辑。

　　"坚持社会主义办学方向"必须落实和体现在中国教育发展的"四为服务"上，即坚持为人民服务，坚持为中国共产党治国理政服务，坚持为巩固和发展中国特色社会主义制度服务，坚持为改革开放和社会主义现代化建设服务。全心全意为人民服务是中国共产党的根本宗旨，人民立场是中国共产党的根本政治立场，坚持教育为人民服务，是党践行宗旨、坚守立场的具体体现；服务于党治国理政是我国教育事业的重要使命，教育发展必须与党治国理政的目标相适应，提升教育为党治国理政服务的能力，是教育事业为中国共产党治国理政服务的现实要求；中国特色社会主义制度造就和发展了中国教育，教育是学习、研究和宣传中国特色社会主义制度体系的重要阵地，是培养社会主义建设者和接班人的基本渠道，为巩固和发展中国特色社会主义制度服务提供了重要保证；改革开放是决定当代中国命运的关键抉择，开创了社会主义现代化道路，为实现现代化注入了强大动力，教育事业是党和人民事业的重要内容，改革开放和现代化建设推动了教育事业的快速发展，改革开放和现代化建设也要求教育事业为其提供所需要的人才支撑。

　　习近平总书记关于"坚持社会主义办学方向"的重要论述，彰显了教育发展基本规律的共同特征、党对教育事业的坚强领导、教育系统党组织建设的重要地位和社会主义意识形态建设的主体地位，也为新时代我国教育事业坚持立德树人根本任务、全面提高教师队伍素质、实现教育内涵式发展指明了方向。

　　我们要在深入学习习近平新时代中国特色社会主义思想和党的十九大精神基础上，不断深化对习近平总书记关于教育特别是关于"九个坚持"重要论述的学习研究，加快推进教育现代化，建设教育强国，努力办人民满意的教育，为实现"两个一百年"奋斗目标和中华民族伟大复兴中国梦贡献力量。

# 目　录

绪 论

习近平总书记立足于党和国家事业发展的全局，立足于治国理政的实践经验，从坚持和发展中国特色社会主义这个战略高度出发，直面我国教育发展面临的新情况和新挑战，紧紧围绕"培养什么人、怎样培养人、为谁培养人"这些根本问题，做出了一系列重要论述。这些论述开辟了马克思主义教育思想的新境界，是马克思主义教育思想的最新理论成果，也是习近平新时代中国特色社会主义思想的重要组成部分。尤其值得强调的是，习近平总书记继承和发展了"教育的社会性"这一马克思主义教育本质思想的核心观点，将其运用于社会主义国家教育事业发展的具体语境，从而提出了"坚持社会主义办学方向"的重要论断。我国是中国共产党领导的人民民主专政的社会主义国家，这一"社会条件"决定了我们的教育必须是社会主义性质的教育，必须坚持社会主义的办学方向。不难看出，"坚持社会主义办学方向"这一论断，既是对马克思主义教育本质思想的继承，又赋予其特定的时代内涵，具有重要的理论创新意义。习近平总书记关于坚持社会主义办学方向的重要论述体现在对三个教育根本问题的回答上。

## 一、解答"培养什么人"的问题

"培养什么人"，是事关教育本质的首要问题。在习近平总书记关于教育问题的重要讲话中，谈论得比较多的就是立德树人。2017 年 10 月 30 日，习近平总书记指出，教育就是要培养中国特色社会主义事业的建设者和接班人，而不是旁观者和反对派①。2018 年 5 月 2 日，习近平总书记在北京大学师生座谈会上的讲话中指出："大学是立德树人、培养人才的地方，是青年人学习知识、增长才干、放飞梦想的地方。借此机会，我想就学校培养什么样的人、怎样培养人，同各位同学和老师交流一下看法。我先给一个明确答案，就是我们的教育要培养德智体美全面发展的社会主义建设者和接班人。"② 2018 年 9 月 10 日，习近平总书记在全国教育大会上再次指出，培养什么人，是教育的首要问题。我国是中国共产党领导的社会主义国家，这就决定了我们的教育必须把培养社会主义建设者和接班人作为根本任务，培养一代又一代拥护中国共产党领导和我国社会主义制度、立志为中国特色社会主义奋斗终身的有用人才。这是教育工作的根本任务，也是教育现代化的方向目标③。

　　建设中国特色社会主义，人的因素是第一位的。当前，中国特色社会主义进入新时代。社会主要矛盾已经转化为人民日益增长的美好生活需要和不平衡不充分的发展之间的矛盾。尽管如此，我国处于并将长期处于社会主义初级阶段的基本国情没有改变。改革开放以来，我国社会生产力水平显著提高，某些领域的生产能力已经进入世界前列，但发展不平衡不充分的问题仍很突出，制约着人民对美好生活的追求。这意味着，社会主义现代化建设必将是一个长期、曲折、艰难的历史过程，需要几代人的持续努力。中国特色社会主义的伟大事业取得最终胜利，需要一代又一

　　① 习近平会见清华大学经济管理学院顾问委员会海外委员和中方企业家委员 [N]. 人民日报，2017-10-31 (1).
　　② 习近平. 在北京大学师生座谈会上的讲话 [N]. 人民日报，2018-05-03 (2).
　　③ 习近平在全国教育大会上强调　坚持中国特色社会主义教育发展道路　培养德智体美劳全面发展的社会主义建设者和接班人 [N]. 人民日报，2018-09-11 (1).

代的建设者和接班人。培养社会主义的建设者和接班人，是社会主义教育事业的应有之义。一个合格的社会主义建设者和接班人，应当在德智体美劳五大领域实现全面发展。为此，习近平总书记指出，要努力构建德智体美劳全面培养的教育体系，形成更高水平的人才培养体系[①]。

在这五大领域，"德"是排在最前面的。德育在学校教育中占有突出地位，促进人的德性成长是教育的根本任务。党的十八大以来，以习近平同志为核心的党中央，始终把立德树人作为学校教育的根本任务。按照习近平总书记的要求，从基础教育到高等教育的各级各类学校，都必须坚持把立德树人当作根本任务来抓。2015 年 6 月 1 日，在会见中国少年先锋队第七次全国代表大会代表时，习近平总书记寄语全国各族少年儿童，要从小学习做人。要学会做人的准则，就要学习和传承中华民族传统美德，学习和弘扬社会主义新风尚，热爱生活，懂得感恩，与人为善，明礼诚信，争当学习和实践社会主义核心价值观的小模范[②]。2013 年 10 月 1 日，习近平总书记在给中央民族大学附属中学全校学生的回信中，要求学校承担好立德树人、教书育人的神圣职责[③]。2016 年 4 月 22 日，在致清华大学建校 105 周年的贺信中，习近平总书记强调，站在新的历史起点上，清华大学要坚持正确方向、坚持立德树人、坚持服务国家、坚持改革创新[④]。

党的十九大在论述党的教育方针时，首先提到的就是"落实

① 习近平在全国教育大会上强调　坚持中国特色社会主义教育发展道路　培养德智体美劳全面发展的社会主义建设者和接班人 [N]. 人民日报，2018 - 09 - 11 (1).

② 习近平在会见中国少年先锋队第七次全国代表大会代表时寄语全国各族少年儿童强调美好的生活属于你们　美丽的中国梦属于你们 [N]. 人民日报，2015 - 06 - 02 (1).

③ 习近平总书记给中央民族大学附属中学全校学生的回信 [N]. 人民日报，2013 - 10 - 07 (1).

④ 习近平致清华大学建校 105 周年贺信 [N]. 人民日报，2016 - 04 - 23 (1).

立德树人根本任务"。这里，不仅把立德树人当作教育的根本任务，而且强调这一任务的"落实"，体现了以习近平同志为核心的党中央对马克思主义教育本质思想的继承和发展，是党的教育理论创新的最新成果。立德树人是对教育本质的最新认识，揭示了德育在学校教育中的突出地位，揭示了道德发展与人的全面发展的辩证关系。

立德树人是人才成长的根本规律。在北京大学师生座谈会上的讲话中，习近平总书记指出："人才培养一定是育人和育才相统一的过程，而育人是本。人无德不立，育人的根本在于立德。这是人才培养的辩证法。办学就要尊重这个规律，否则就办不好学。"①

"德"首先是指具有坚定的理想信念。2013 年 5 月 4 日，习近平总书记在同各界优秀青年代表座谈时指出："广大青年一定要坚定理想信念。'功崇惟志，业广惟勤。'理想指引人生方向，信念决定事业成败。没有理想信念，就会导致精神上'缺钙'。"②2015 年 6 月 1 日，习近平总书记在会见中国少年先锋队第七次全国代表大会代表时指出，要从小学习立志。志向是人生的航标。一个人要做出一番成就，就要有自己的志向。一个人可以有很多志向，但人生最重要的志向应该同祖国和人民联系在一起，这是人们各种具体志向的底盘，也是人生的脊梁③。作为社会主义的建设者和接班人，必须树立共产主义伟大理想和中国特色社会主义共同理想，具有中国特色社会主义道路自信、理论自信、制度

① 习近平. 在北京大学师生座谈会上的讲话 [N]. 人民日报，2018-05-03 (2).
② 习近平. 在同各界优秀青年代表座谈时的讲话 [N]. 人民日报，2013-05-05 (2).
③ 习近平在会见中国少年先锋队第七次全国代表大会代表时寄语全国各族少年儿童强调美好的生活属于你们　美丽的中国梦属于你们 [N]. 人民日报，2015-06-02 (1).

自信、文化自信，拥护党的领导和社会主义制度，具有爱国主义精神，具有健全的人格和良好的道德品格，具有服务祖国和人民的使命感和责任感。

引导青少年做社会主义核心价值观的"坚定信仰者""积极传播者""模范践行者"，是德育工作的重中之重。习近平总书记指出，青年的价值取向决定了未来整个社会的价值取向，而青年又处在价值观形成和确立的关键时期。因此，抓好这一时期的价值观养成特别重要。他打了一个形象的比方：就像穿衣服扣扣子一样，如果第一粒扣子扣错了，剩余的扣子都会扣错。人生的扣子从一开始就要扣好①。在党的十九大报告中，习近平总书记强调："社会主义核心价值观是当代中国精神的集中体现，凝结着全体人民共同的价值追求。要以培养担当民族复兴大任的时代新人为着眼点，强化教育引导、实践养成、制度保障，发挥社会主义核心价值观对国民教育、精神文明创建、精神文化产品创作生产传播的引领作用，把社会主义核心价值观融入社会发展各方面，转化为人们的情感认同和行为习惯。坚持全民行动、干部带头，从家庭做起，从娃娃抓起。"②

"智"是指知识和智慧，能够认识真理，掌握自然和社会发展的客观规律，具有服务社会主义现代化建设的本领和能力。建设社会主义，需要有无数掌握科学文化知识的高素质劳动者。当今世界，科学技术发展日新月异。没有先进的生产力，就无以显示社会主义制度的优越性，就无法实现中华民族的伟大复兴。因此，

---

① 习近平. 青年要自觉践行社会主义核心价值观：在北京大学师生座谈会上的讲话 [N]. 人民日报，2014－05－05 (2).

② 习近平. 决胜全面建成小康社会　夺取新时代中国特色社会主义伟大胜利：在中国共产党第十九次全国代表大会上的报告 [M]. 北京：人民出版社，2017：42.

科学知识的教育在今天显得格外重要。习近平总书记指出，教育工作者要引导学生珍惜宝贵的学习时光，刻苦钻研，勤学好问，不断增长自己的学识，为将来走上工作岗位、服务社会打下扎实的基础。要注重学思结合，知行合一；要注重因材施教；要注重运用现代信息技术，"构建网络化、数字化、个性化、终身化的教育体系，建设'人人皆学、处处能学、时时可学'的学习型社会"①。

"体"是指健康的体魄，具有建设社会主义所必需的身体素质。毛泽东同志说过，身体是革命的本钱。要为社会主义建设贡献力量，首要前提是保持健康。没有良好的身体素质，任何事业都无从谈起。长期以来，在以高考作为指挥棒的应试教育体系下，体育课被视为一门可有可无的"副课"。由于缺乏充分的体育锻炼，中国青少年的身体素质令人担忧。针对这样的情况，习近平总书记在2018年的全国教育大会上强调，要树立健康第一的教育理念，开齐开足体育课，帮助学生在体育锻炼中享受乐趣、增强体质、健全人格、锤炼意志②。他引用毛泽东同志所说的"文明其精神，野蛮其体魄"，鼓励青少年参加体育锻炼，强身健体。家庭、学校、社会都要为少年儿童增强体魄创造条件，让他们像小树那样健康成长，长大后成为建设祖国的栋梁之才③。

"美"是指审美和品位，具有分辨美丑的能力。社会主义社会的美育是社会主义精神文明建设的一部分，有助于培育学生的心灵美、行为美。美育是用现实生活中的美好事物和呈现在艺术作品中的美好事物，感染教育对象，深刻影响他们的情感、思想、

---

① 习近平致国际教育信息化大会的贺信［N］. 人民日报，2015－05－24（2）.

② 习近平在全国教育大会上强调　坚持中国特色社会主义教育发展道路　培养德智体美劳全面发展的社会主义建设者和接班人［N］. 人民日报，2018－09－11（1）.

③ 习近平总书记在参加首都义务植树活动时强调　把义务植树深入持久开展下去　为建设美丽中国创造更好生态条件［N］. 人民日报，2013－04－03（1）.

想象和品格。美育能丰富学生的精神世界，提高学生的审美和人文素养，激发学生的情绪体验，提高社会主义觉悟，激励学生为创造包括共产主义社会在内的一切美好事物而奋发向上。党的十八届三中全会强调："改进美育教学，提高学生审美和人文素养。"①

"劳"就是热爱劳动，不怕吃苦，具备基本的劳动技能。从"德智体美"到"德智体美劳"五育并举，体现了新时代我国教育方针的一个创新发展，反映了我们党对教育规律认识的深化。过去，我们党虽然一直强调教育与生产劳动相结合，但没有明确提出把劳动作为全面发展的一个重要方面。习近平总书记强调要加强劳动教育，弘扬劳动精神。他认为，劳动是人类的本质活动，劳动光荣、创造伟大是对人类文明进步规律的重要诠释。要教育孩子们从小热爱劳动、热爱创造，通过劳动和创造播种希望、收获果实，也通过劳动和创造磨炼意志、提高自己②。习近平总书记在全国教育大会上也特别强调了劳动教育的重要性。他指出，要在学生中弘扬劳动精神，教育引导学生崇尚劳动、尊重劳动，懂得劳动最光荣、劳动最崇高、劳动最伟大、劳动最美丽的道理，长大后能够辛勤劳动、诚实劳动、创造性劳动③。将热爱劳动和劳动能力纳入全面发展的要求，使我国社会主义教育的培养目标更加完整。

## 二、解答"怎样培养人"的问题

坚持社会主义办学方向，不仅体现在培养目标（培养什么

---

① 中共中央关于全面深化改革若干重大问题的决定［N］. 人民日报，2013－11－16（1）.

② 习近平. 在庆祝"五一"国际劳动节暨表彰全国劳动模范和先进工作者大会上的讲话［N］. 人民日报，2015－04－29（2）.

③ 习近平在全国教育大会上强调 坚持中国特色社会主义教育发展道路 培养德智体美劳全面发展的社会主义建设者和接班人［N］. 人民日报，2018－09－11（1）.

人），而且体现在培养方式（怎样培养人）上。在回答"怎样培养人"的问题上，习近平总书记主要从宏观上强调了党的领导、马克思主义的指导地位、教师队伍建设的问题。

一是坚持党对教育工作的全面领导。坚持社会主义办学方向，就是要坚持党对教育工作的全面领导。党的十九大提出，"中国特色社会主义最本质的特征是中国共产党领导，中国特色社会主义制度的最大优势是中国共产党领导，党是最高政治领导力量"[①]。因此，要办好中国特色社会主义的教育，建设社会主义教育强国，离不开党的领导。只有坚持和加强党对教育工作的全面领导，才能把握好我国教育发展的正确政治方向，才能实现培养"社会主义建设者和接班人"的目标。

习近平总书记在全国高校思想政治工作会议上强调："办好我国高等教育，必须坚持党的领导，牢牢掌握党对高校工作的领导权，使高校成为坚持党的领导的坚强阵地。"[②] 要确保社会主义办学方向，全面贯彻党的教育方针，首先必须牢固确立党对教育工作的领导权。正确的政治方向是一切工作的前提，政治方向决定了领导权的归属。既然我国的教育是为社会主义建设培养人才的，那么，教育的领导权必须掌握在中国共产党手中。党的十九大关于"党政军民学，东西南北中，党是领导一切的"的重要论断，更是明确回答了我国教育的领导权问题。教育作为中国特色社会主义建设的一个部分，自然应该服从整体和大局，服从党的全面领导。历史经验也表明，凡是党牢牢掌握教育工作领导权的时期，

---

① 习近平. 决胜全面建成小康社会　夺取新时代中国特色社会主义伟大胜利：在中国共产党第十九次全国代表大会上的报告［M］. 北京：人民出版社，2017：20.
② 习近平在全国高校思想政治工作会议上强调　把思想政治工作贯穿教育教学全过程　开创我国高等教育事业发展新局面［N］. 人民日报，2016-12-09（1）.

教育就能保持平稳健康发展，培养社会主义建设者和接班人的目标就能顺利实现；反之，教育就会出现动荡混乱，人才培养目标无法实现，非但不能为社会主义现代化建设的事业服务，还会给这项事业带来损失。

教育是立国之本、强国之基，也是关系到每个家庭的重大民生工程。因此，习近平总书记指出，各级党委要把教育发展当作头等大事来抓，把教育改革发展纳入议事日程。党委领导应关心教育，研究教育，认识和把握教育发展的客观规律，了解人民群众普遍关心的教育领域中的问题，探索解决重点难点问题的有效解决方案。各级党委要在保障教育资源投入、加强教师队伍建设、促进教育公平等事关人民群众核心利益的方面下功夫，努力提高人民群众对教育的满意度，回应人民群众对优质教育的期盼。实现各级党委对教育工作的统一领导，需要进一步完善领导体制机制。要建立健全党委统一领导、党政齐抓共管、部门各负其责的教育领导体制。以高校为例，实现党委统一领导的关键就在于坚持和完善党委领导下的校长负责制。党委领导下的校长负责制，是中国共产党创办高等教育的成功经验，是中国特色社会主义大学的根本制度。高校党委要对学校工作把关定向、统筹谋划，履行办学治校主体责任，定期专题研究部署党建工作、组织工作、人事工作、思想政治工作、宣传工作、人才工作、党风廉政工作等学校各项工作。高校领导班子尤其是党委书记和校长，应根据社会主义政治家、教育家的标准选拔任用。高校党委书记主持党委全面工作，履行第一责任人的职责。作为高校的法人代表，校长在党委领导下组织实施党委有关决议，行使《高等教育法》赋予的各项职权。

坚持和完善党的领导，同从严管党治党是相统一的。按照习近平总书记的要求，必须加强和改进教育系统党的建设，把党建设得更加坚强有力，不断提高党的领导水平。一是将党的政治建设摆在首位。各级教育机关和学校要增强"四个意识"，自觉维护以习近平同志为核心的党中央的权威，在思想上政治上行动上同党中央保持高度一致。二是用习近平新时代中国特色社会主义思想武装全体党员。要把坚定党员的理想信念作为思想建设的首要任务。弘扬马克思主义学风，推进"两学一做"学习教育常态化制度化，把党的最新理论成果转化为推动教育事业发展的重要力量。三是建设高素质专业化的教育工作干部队伍。要坚持正确选人用人导向，突出政治标准，提拔任用牢固树立"四个意识"和"四个自信"、热爱教育、忠于党的教育事业、有责任担当的好干部。完善干部考核评价机制，建立激励机制和容错纠错机制，营造踏实做事、敢于担当的良好氛围。四是加强基层党组织建设。按照党的十九大的要求，把学校、科研院所的基层党组织建设成为"宣传党的主张、贯彻党的决定、领导基层治理、团结动员群众、推动改革发展的坚强战斗堡垒"。五是强化教育系统权力制约和监督制度。推进教育系统党风廉政建设和反腐败斗争，除了要筑牢思想道德防线之外，还应该把监督问责制度当作一项基础性工作来抓。在顶层设计上，教育机构要形成科学合理的权力架构，避免权力的过分集中。建立和完善对权力运行的动态监督机制，加强对决策过程、执行环节和整个权力行使过程的监督，并检查评估权力运行的结果。

　　二是坚持马克思主义的指导地位。坚持社会主义办学方向，就是要坚持彰显马克思主义的指导地位。习近平总书记指出："马克思主义是我们立党立国的根本指导思想，也是我国大学最鲜亮的底色。"①

---

①　习近平. 在北京大学师生座谈会上的讲话［N］. 人民日报，2018－05－03 (2).

坚持马克思主义的指导地位，是社会主义教育的根本特征。坚持社会主义办学方向，培养社会主义建设者和接班人，必须始终突出马克思主义的指导地位，彰显马克思主义这一鲜亮底色。

习近平总书记一直非常关心各级各类学校的马克思主义理论教育。青少年学生处在世界观、人生观、价值观形成的关键时期，抓好这一时期的思想政治教育十分必要。2019年3月18日，习近平总书记主持召开学校思想政治理论课教师座谈会并发表重要讲话，再次强调了新时代思想政治理论课的重要意义，并对思想政治理论课教师提出了殷切的希望。要培养青年学生成为社会主义建设者和接班人，首先要求其在思想立场上坚持马克思主义，认同社会主义的道路和制度。要充分发挥思想政治理论课的主渠道作用，帮助学生深刻认识马克思主义的科学真理性，认识马克思主义的理论意义和实践意义，学会用马克思主义的立场、观点和方法审视现实世界，思考现实问题，把握中国和世界发展大势。应积极推动习近平新时代中国特色社会主义思想这一马克思主义中国化的最新理论成果进教材、进课堂、进头脑，引导学生坚定"四个自信"。

要实现上述教学目标，必须加快思想政治理论课的改革。一段时间以来，一些思想政治理论课出现了"学生不欢迎、教师没兴趣"的现象。在思想政治理论课的课堂上，一部分学生提不起兴趣，"抬头率"不高；面对求知欲不够强烈的学生，一些教师的动力和热情严重降低，只图完成教学任务。为了改变这种现状，必须不断推动教学创新，增强思想政治理论课的吸引力、说服力、感染力，提升思想政治教育亲和力和针对性。关于思想政治理论课的教学创新，习近平总书记提出了"八个统一"，即坚持政治性和学理性相统一、价值性和知识性相统一、建设性和批判性相统

一、理论性和实践性相统一、统一性和多样性相统一、主导性和主体性相统一、灌输性和启发性相统一、显性教育和隐性教育相统一①。习近平总书记强调的这"八个统一"，是对思想政治理论课建设的规律性认识和经验总结，为新时代思想政治理论课的创新指明了原则和方向。

习近平总书记指出，办好思想政治理论课，关键在教师，关键在发挥教师的积极性、主动性、创造性。近年来，一些思想政治理论课从"点名课"向"网红课"转变，这是和思政课教师自身的教学艺术和人格魅力息息相关的。思政课教师首先要理直气壮讲政治，要有政治觉悟和政治敏感性，对错误的思想观点敢于"亮剑"。一个优秀的思政课教师，应该具有崇高理想和家国情怀。只有如此，才能做好学生思想上的"领路人"。思政课教师要深刻把握辩证唯物主义和历史唯物主义，掌握科学的思维方法，具备宽广的理论视野、历史视野、国际视野，能够用清晰的语言讲述深刻的道理。同时，思政课教师应在道德和政治上发挥表率示范作用，力争做到表里如一、知行合一，成为学生信任和喜爱的人，从而向学生传递正能量，在潜移默化中影响学生的认知和行动。

按照习近平总书记的要求，高校各类课程应当与思想政治理论课同向同行，形成协同效应。但要注意的是，不能盲目地在课程中加入马克思主义理论教育的元素。如果生硬地把专业课上成思政课，只会引起学生的逆反心理。专业课要发挥思想政治教育的作用，应该借鉴隐性教育的理念和原则，潜移默化地对学生施加影响。所有的课程都不能只是知识的传授，而应与授课的文化

---

① 习近平主持召开学校思想政治理论课教师座谈会强调　用新时代中国特色社会主义思想铸魂育人　贯彻党的教育方针落实立德树人根本任务［N］. 人民日报，2019－03－19（1）.

背景和现实语境结合起来。可以在专业课讲授中，选择本学科本专业发展过程中的"领军人物"及其经历作为案例素材，激励学生刻苦学习、努力钻研，把自己的前途命运与民族国家的未来结合起来，为实现中华民族伟大复兴的中国梦而奋斗。还可以把一些课程置于学校发展的红色背景中，挖掘其中马克思主义理论教育的元素。很多高校具有红色办学的历史。结合这段历史，能够培养学生时刻响应党的号召、服务于中国共产党治国理政、服务于国家重大战略需要的意识。

三是加强教师队伍建设。坚持社会主义办学方向，培养德智体美劳全面发展的社会主义建设者和接班人，需要建设一支政治可靠、能力过硬的教师队伍。

习近平总书记高度重视教师队伍建设，他对教师职业有很高的评价："教师是人类历史上最古老的职业之一，也是最伟大、最神圣的职业之一。"[①] 当今世界，科学技术成为第一生产力，国际竞争日趋激烈。2008 年国际金融危机之后，各国都更加注重科技进步和创新驱动。综合国力的竞争，归根到底是人才竞争。人才成为推动社会经济发展的战略性资源。满足社会发展需要的人才是教育培养出来的，因而教育的基础性地位也越来越突出。

教师是立教之本、兴教之源，肩负着传播知识、传播思想、传播真理，塑造灵魂、塑造生命、塑造人的时代重任，是教育发展的第一资源。习近平总书记引用邓小平同志的话指出："一个学校能不能为社会主义建设培养合格的人才，培养德智体全面发展、有社会主义觉悟的有文化的劳动者，关键在教师。"如果说今天的学生是未来实现中华民族伟大复兴中国梦的主力军，广大教师就

---

① 习近平. 做党和人民满意的好老师：同北京师范大学师生代表座谈时的讲话［N］. 人民日报，2014 - 09 - 10 (2).

是打造这支中华民族"梦之队"的筑梦人①。每个教师都要扛起这份历史担当，珍惜作为人民教师的这份光荣，严格要求自己，不断完善自己，在教书育人的岗位上，为党和人民的教育事业做出自己的贡献，不负立德树人的根本使命。

什么样的老师是好老师？习近平总书记提出四条标准：要有理想信念、要有道德情操、要有扎实学识、要有仁爱之心②。从坚持社会主义办学方向这个角度来讲，这里的第一条标准尤为重要。正确的理想信念是教书育人、播种未来的指路明灯。一个没有正确理想信念的人是不可能成为好老师的，不可能培养出社会主义建设所需要的人才。古人云：师者，所以传道、授业、解惑也。一个优秀的教师，不仅要能"授业""解惑"，更要以"传道"为责任和使命。好老师要心系国家和民族，意识到自己对于国家和社会的责任。

我国是中国共产党领导的社会主义国家，我们的教育是为党和人民服务的，培养的是社会主义建设者和接班人，好老师的理想信念应该与这一要求保持一致。因此，习近平总书记指出："广大教师要始终同党和人民站在一起，自觉做中国特色社会主义的坚定信仰者和忠实实践者，忠诚于党和人民的教育事业，自觉把党的教育方针贯彻到教学管理工作全过程，严肃认真对待自己的职责。"③教师除了要重视专业知识的学习，还必须注重中国特色社会主义理论体系的学习，加深对中国特色社会主义的思想认同、理论认同、情感认同，不断增强道路自信、理论自信、制度自信，引导学生热爱祖国、热爱人民、热爱中国共产党。

---

① 教育部课题组.深入学习习近平关于教育的重要论述［M］.北京：人民出版社，2019：78.
②③ 习近平.做党和人民满意的好老师：同北京师范大学师生代表座谈时的讲话［N］.人民日报，2014-09-10（2）.

坚持社会主义办学方向，要求教师必须有坚定的政治信仰。习近平总书记多次强调，"让有信仰的人讲信仰"，"传道者自己首先要明道、信道"。教师应具备政治觉悟和政治敏感性，善于从政治上看问题，在大是大非面前保持政治清醒，传播主流意识形态，坚定"四个意识"和"四个自信"，敢于应对各种错误观点和思潮。只有守好信仰这个"压舱石"，才能始终保持"我自岿然不动"的定力，彰显"乱云飞渡仍从容"的底气，更好地引导学生健康成长。

坚持社会主义办学方向，要求我们充分认识教师工作的极端重要性，把加强教师队伍建设作为教育发展的最重要的基础工作来抓。第一，要坚持党对教师队伍建设的领导，确保教师队伍建设保持正确的政治方向。第二，要把提高教师思想政治素质和职业道德水平摆在首要位置，坚定广大教师的政治立场，推动社会主义核心价值观融入教书育人全过程，使教师成为先进思想文化的传播者、党执政的坚定支持者、学生健康成长的指导者。第三，要营造尊师重教的社会氛围，努力提高教师的经济地位、社会地位、政治地位，增强教师的职业荣誉感、成就感，使广大教师享有应有的社会声望，使教师成为让人羡慕的职业，吸引社会上的优秀人才加入教师队伍。

## 三、解答"为谁培养人"的问题

习近平总书记提出的"四个服务"，可以看成是对"为谁培养人"这个问题的回答。在 2016 年全国高校思想政治工作会议上，习近平总书记强调，我国高等教育发展方向要同我国发展的现实目标和未来方向紧密联系在一起，为人民服务，为中国共产党治国理政服务，为巩固和发展中国特色社会主义制度服务，为改革开放和社会主义现代化建设服务①。这"四个服务"鲜明体现了我国教育的社会主义性质和方向。坚持社会主义办学方向，就是要坚持"四个服务"。坚持"四个服务"，是统筹推进"五位一体"总体布局和协调推进"四个全面"战略布局的要求，是统筹促进教育服务人的发展和教育服务社会发展的要求②。

新修订的《中华人民共和国教育法》规定："教育必须为社会主义现代化建设服务、为人民服务，必须与生产劳动和社会实践相结合，培养德智体美劳全面发展的社会主义建设者和接班人。"习近平总书记提出的"四个服务"，是对教育方针中"两个服务"的具体化，是对党的教育方针的丰富和发展。

"为谁培养人"的问题，反映了一个社会教育的价值取向。从"四个服务"的具体内容看，我国教育主要就是为党和人民培养人。

中国共产党是中国特色社会主义伟大事业的领导核心。中国共产党领导是中国特色社会主义最本质的特征。巩固和发展中国特色社会主义制度，首要的就是要坚持和改善党的领导。在当代中国，我们党所从事的事业，就是巩固和发展社会主义制度，领导改革开放和社会主义现代化建设。中国共产党的历史地位和成就，取决于这项事业的发展情况。改革开放和社会主义现代化建设越成功，取得的成就越多，就越能反映出我们党的伟大、光荣、正确。因此，为巩固和发展中国特色社会主义制度服务、为改革

---

① 习近平在全国高校思想政治工作会议上强调　把思想政治工作贯穿教育教学全过程　开创我国高等教育事业发展新局面［N］. 人民日报，2016－12－09（1）.

② 教育部课题组. 深入学习习近平关于教育的重要论述［M］. 北京：人民出版社，2019：75.

开放和社会主义现代化建设服务，实质上就是为党服务。

此外，广大人民群众是改革开放和社会主义现代化建设的主力军和依靠力量。人民既是中国特色社会主义伟大事业的目标主体，也是伟大事业的动力主体。人民是真正的历史创造者，这是历史唯物主义的一条基本原理。用习近平总书记的话说，人民既是历史的"剧中人"，也是历史的"剧作者"①。离开了人民，我们的事业就没有胜利的可能。中国的改革开放和社会主义现代化建设事业之所以不断推向前进，与人民群众充分发挥积极性、主动性、创造性紧密相关。同时，一个毋庸置疑的事实是，随着改革开放和社会主义现代化建设的不断深入，人民群众的生活质量不断提升。可以说，人民群众是改革开放和社会主义现代化建设的受益人。改革开放和社会主义现代化建设越是顺利推进，人民对美好生活的向往越是有机会实现。因此，为巩固和发展中国特色社会主义制度服务、为改革开放和社会主义现代化建设服务，实质上也是为人民服务。

为党培养人，是坚持社会主义办学方向的客观要求。社会主义制度在我国的建立和完善，经历了一个漫长、曲折、复杂的过程，是党和人民付出巨大代价和牺牲取得的宝贵成果，是一项来之不易的成就。坚持和发展中国特色社会主义，是我们时代的重大课题。只有教育培养出千千万万认同和拥护社会主义的人才，我们才能将中国特色社会主义的道路坚定不移地走下去。中国共产党是最高政治领导力量，居于统筹全局、协调各方的地位。因此，教育为巩固和发展社会主义服务，实质上也就是为中国共产党治国理政服务。党在治国理政的过程中，方方面面都需要大量

① 习近平．习近平谈治国理政：第 2 卷［M］．北京：外文出版社，2017：314．

的人才。人才在国家治理中发挥着不可替代的作用。而教育的根本任务，就是要为中国共产党治国理政和社会主义现代化建设源源不断地输送人才，从而为实现中华民族伟大复兴的中国梦提供强有力的人才保障和智力支持。

为人民培养人，也是坚持社会主义办学方向的客观要求。我国是人民民主专政的社会主义国家，走的是中国特色社会主义的发展道路。中国特色社会主义各项事业的目标，都是为了人民的福祉。党的十八大闭幕后，在十八届中央政治局常委同中外记者见面时的讲话中，习近平总书记指出："我们的人民热爱生活，期盼有更好的教育、更稳定的工作、更满意的收入、更可靠的社会保障、更高水平的医疗卫生服务、更舒适的居住条件、更优美的环境，期盼孩子们能成长得更好、工作得更好、生活得更好。人民对美好生活的向往，就是我们的奋斗目标。"① 美好生活的维度是多方面的，而教育居于一种基础性的地位。良好的教育，是稳定的工作、满意的收入、可靠的社会保障、舒适的居住条件、优质的医疗服务、优美的环境的前提和基础。没有良好的教育、没有高素质的人才，这一切都无从谈起。为人民创造美好的生活，就必须发展人民满意的教育，为人民培养出优秀的人才。

为党培养人，同为人民培养人，在本质上是一致的。在全国宣传思想工作会议上，习近平总书记明确指出："党性和人民性从来都是一致的、统一的。"② 党性和人民性相统一，是马克思主义的基本观点，也是意识形态领域和教育宣传工作中的一个基本原则。党性是个历史的范畴。政党不是从来就有的，直到近代随着资本主义生产关系的逐步确立才得以产生。在政党的发展史中，

---

① 习近平. 习近平谈治国理政［M］. 北京：外文出版社，2014：4.
② 同①154.

不同的政党代表不同的阶级利益，坚持不同的政治主张，进而呈现出不同的党性。在资本主义社会，主要的政党都是站在资产阶级的立场上，为资产阶级的利益服务。虽然这些政党有时声称代表人民，但在资产阶级利益与人民利益发生矛盾时，它们会毫不犹豫地选择资产阶级利益。马克思主义政党产生之后，党性和人民性第一次实现了统一。因为，马克思主义政党同其他政党的根本区别就在于，始终代表人民的根本利益，同人民在一起，为人民利益而奋斗。中国共产党是中国工人阶级的先锋队，同时是中国人民和中华民族的先锋队。党的宗旨是全心全意为人民服务。从党的性质和宗旨来看，党性和人民性高度统一。只有无产阶级政党才会提出并践行"以人民为中心"的发展理念。办好人民满意的教育，就是我们党在教育领域的奋斗目标。因此，为党培养人，就是为人民培养人；为人民培养人，就是为党培养人。

综上所述，习近平总书记关于"坚持社会主义办学方向"的重要论述继承并发展了马克思主义的教育本质思想。习近平总书记不仅吸收了马克思主义经典作家关于"教育社会性"的核心观点，而且把这一观点和当代坚持和发展中国特色社会主义的现实语境结合起来，提出了具有创新性的理论观点。在"培养什么人"的问题上，不仅提出要培养"社会主义建设者和接班人"，而且要求"德智体美劳全面发展"，用"五育"代替了"四育"，培养目标更加完善；在"怎样培养人"的问题上，不仅提出了坚持党的领导、坚持马克思主义的指导地位、加强教师队伍建设，而且就推进思想政治教育教学的创新提出了"八个统一"的要求，为新时代思想政治教育的改革发展指明了方向；在"为谁培养人"的问题上，提出了"四个服务"，对"两个服务"做了进一步延伸，从而强化了我国社会主义教育的价值取向。

# 坚持社会主义办学方向的基本逻辑

"坚持社会主义办学方向"这一重要论断，反映了以习近平同志为核心的党中央对我国教育事业发展的规律性认识，是新时代我国教育工作的基本遵循，为新时代我国教育事业的发展指明了方向。任何一种有吸引力的思想观念都不是凭空产生的，其势必具有坚实的理论基础，且彰显特定的历史传统和现实诉求。坚持社会主义办学方向，具有深刻的理论逻辑、历史逻辑和现实逻辑。

## 一、坚持社会主义办学方向的理论逻辑

1. 教育必须培养社会发展所需要的人

"坚持社会主义办学方向"这一论断和马克思主义的教育本质思想一脉相承。马克思主义是一个庞大的理论体系，马克思主义哲学、马克思主义政治经济学和科学社会主义是其三个基本组成部分。这三个部分有机统一，共同构成马克思主义理论的主体内容。此外，马克思主义还包含着其他许多不容忽视的知识领域，教育就是其中之一。

从问题意识上看，马克思主义教育思想与西方资产阶级的教育理论有所不同。无论是科学教育学之父赫尔巴特的教育理论，还是深刻影响近代中国教育的杜威实用主义的教育理论，主要都是关注教育过程中的微观问题。各种资产阶级教育理论体现了"教育科学化"的努力，围绕"如何对学生进行教育教学"的具体问题展开讨论，在此基础上试图揭示教育教学过程的客观规律。相比之下，马克思主义经典作家更关注宏观的教育问题，即教育

的性质和目的的问题①。值得强调指出，教育的宏观问题比微观问题更为根本。宏观问题处理不好，对微观问题的讨论就没有意义；只有先解决宏观问题，对微观问题的讨论才能有一个正确的轨道和方向。换句话说，我们在讨论具体的教育方式方法之前，必须明确对教育本质的认识。

西方教育思想流派众多、纷繁复杂，但大都分享个人主义的预设，即认为教育的目的是促进个人的自由发展。根据这种思想，教育者应当首先关注教育对象个体，根据其个性需要促进理智能力的提升和美德的培养。杜威的"教育无目的论"就是一种典型的个人主义教育哲学。杜威主张，任何预设的外在目的，都会显示出不顾个人现有能力而追求标准一致的倾向。杜威反对人为设定教育的目的，反对培养"被标准化了的人"，认为这样做忽视了每个人的特殊资质、天赋、兴趣和需求，压制了个体的个性发展。这些认识当然有其合理性，它一定程度上纠正了传统教育的弊端，有利于发挥学生个体在教育教学过程中的主观能动性，但同时又走向了另一个极端，即忽视了教育的社会性和阶级性维度。

马克思主义第一次从社会关系的角度解释教育的性质和目的，从而科学解答了教育理念层面的一些重要问题。在《共产党宣言》中，马克思和恩格斯在回应对共产党人的攻击和批判资产阶级的伪善时，写下了一段著名的话："而你们的教育不也是由社会决定的吗？不也是由你们进行教育时所处的那种社会关系决定的吗？不也是由社会通过学校等等进行的直接的或间接的干涉决定的吗？共产党人并没有发明社会对教育的作用；他们仅仅是要改变这种

① 顾明远. 马克思主义教育思想在中国：纪念马克思诞生 200 周年［J］. 北京师范大学学报（社会科学版），2018（3）：5-8.

作用的性质，要使教育摆脱统治阶级的影响。"①

这段被教育学研究者反复引用的文本，主要表达了两方面的含义：其一，一般来说，教育的性质是由社会关系决定的，这是一个不以任何人的意志为转移的客观事实；其二，具体到资本主义的教育，这种教育的性质是由资本主义社会和作为统治阶级的资产阶级决定的。

马克思从社会性方面去理解人的本质，提出"人的本质不是单个人所固有的抽象物，在其现实性上，它是一切社会关系的总和"②。既然人的本质是社会性，那么，对人的教育和培养也将不可避免地受到特定社会历史条件的制约。不同的社会历史条件，决定了教育具有不同的性质。从马克思主义的唯物史观更是可以明显地看出，在阶级社会，教育为统治阶级服务。正如统治者会利用政治法律制度、意识形态、国家暴力机关、大众传媒来维护自己的统治，他们也会利用教育实现自己的根本利益。教育发展的方向、内容，体现了统治阶级的要求，因而不可避免地具有阶级性。

认为资本主义的教育具有超阶级性，这反映出资产阶级的伪善。在马克思和恩格斯生活的那个时代，资本主义进入机器大生产的阶段。马克思和恩格斯把资本主义教育的本质概括为"机器式教育"，他们一针见血地指出："资产者唯恐失去的那种教育，对绝大多数人来说是把人训练成机器。"③ 这样的教育非但不可能像资产阶级理论家设想的那样能促进个性的发展和完善，反而还

---

① 马克思，恩格斯. 马克思恩格斯选集：第 1 卷 [M]. 3 版. 北京：人民出版社，2012：418.

② 同①139.

③ 同①417.

会导致人的理智、情感能力的严重缺失。

马克思著名的异化劳动理论，就是对资本主义制度下工人工作状态的一种描述。根据异化劳动理论，在资本主义条件下，由于大规模的社会分工，工人每日都在重复极端琐碎、无聊透顶的工作，因而无从发挥自己的创造力和想象力，体验不到任何愉悦感、成就感。对工人来说，劳动只是养家糊口的手段。他们在劳动过程中享受不到人之为人的那种尊严。在《1844 年经济学哲学手稿》中，马克思有一段非常精彩的论述："首先，劳动对工人来说是外在的东西，也就是说，不属于他的本质；因此，他在自己的劳动中不是肯定自己，而是否定自己，不是感到幸福，而是感到不幸，不是自由地发挥自己的体力和智力，而是使自己的肉体受折磨、精神遭摧残。因此，工人只有在劳动之外才感到自在，而在劳动中则感到不自在，他在不劳动时觉得舒畅，而在劳动时就觉得不舒畅。因此，他的劳动不是自愿的劳动，而是被迫的强制劳动。因此，这种劳动不是满足一种需要，而只是满足劳动以外的那些需要的一种手段……结果是，人（工人）只有在运用自己的动物机能——吃、喝、生殖，至多还有居住、修饰等等——的时候，才觉得自己在自由活动，而在运用人的机能时，觉得自己只不过是动物。动物的东西成为人的东西，而人的东西成为动物的东西。"①

马克思向我们展示了这样一幅图景：在漫长的生产流水线上，工人沦为机器的附庸，只掌握十分有限的技能，从事着技术含量极低、无须动脑、毫无创造性的工作。既然如此，对劳动者施加"机器式教育"也就不难理解了。尽管这种"机器式教育"不利于

---

① 马克思，恩格斯. 马克思恩格斯选集：第 1 卷［M］. 3 版. 北京：人民出版社，2012：53-54.

劳动者身心和个性的发展，但对资本主义大生产和一心追求生产效率和经济利益的资产阶级来说却是有利的。事实上，也正是由于资本主义大生产的现实需要和资产阶级的利益诉求，资本主义的教育才呈现出如此这般的特点。在马克思和恩格斯看来，资产阶级为了掩盖对广大劳动者的统治，宣称教育可以脱离政治、学校可以脱离社会，是极其虚伪的表现。

总而言之，强调教育的社会性和阶级性，是马克思和恩格斯教育本质思想的一个创见。在《共产党宣言》中，马克思和恩格斯还提出了工人阶级夺取政权后，应当采取的十项措施，其中最后一项就是关于教育的："对所有儿童实行公共的和免费的教育。取消现在这种形式的儿童的工厂劳动。把教育同物质生产结合起来，等等。"[1] 然而，由于马克思和恩格斯没有参与过全面治理一个社会主义国家的实践，他们没有对社会主义条件下的教育和办学做出详细系统的论述。

正如马克思主义经典作家所指出的，任何社会的教育都受到这个社会的性质和条件的制约。任何一个社会发展教育，都是要培养这个社会所需要的人，这是不以任何人的意志为转移的客观事实。在2018年北京大学师生座谈会上的讲话中，习近平总书记指出："古今中外，关于教育和办学，思想流派繁多，理论观点各异，但在教育必须培养社会发展所需要的人这一点上是有共识的。培养社会发展所需要的人，说具体了，就是培养社会发展、知识积累、文化传承、国家存续、制度运行所要求的人。所以，古今中外，每个国家都是按照自己的政治要求来培养人的，世界一流大学都是在服务自己国家发展中成长起来的。我国社会主义教育

---

[1] 马克思，恩格斯. 马克思恩格斯选集：第1卷［M］. 3版. 北京：人民出版社，2012：422.

就是要培养社会主义建设者和接班人。"① 无论是资本主义社会，还是社会主义社会，都要通过教育的方式，以它的意识形态和道德准则去影响和要求学生。只有这些未来的社会成员接受和认可社会的核心价值和基本制度，这个社会才能持久稳定地发展下去。

以美国高校为例。美国是公认的强大的资本主义国家，其硬实力和软实力在世界上都处于领先地位。美国高校虽然没有专门负责思想政治教育的工作部门，也没有直接开设专门的思想政治理论课，但有公民教育方面的传统。从课内到课外，公民教育可以说是无处不在。美国高校通过课程教学、学校管理、课外活动和社会服务等多种途径，培养学生对自己国家的忠诚、对社会主流价值观的认同、对社会负责任的公民意识以及在公共生活中所需的政治技能。

教育社会性的深层次理论依据来自马克思主义的唯物史观。关于社会历史发展及其规律的问题，有两种相互对立的观点：一种是唯物史观，另一种是唯心史观。在马克思主义产生之前，唯心史观一直占据优势。唯意志论和宿命论是唯心史观的两种版本。它们的共同缺陷是：考察了人的行动的思想动机，而没有进一步考察思想动机背后的物质动因和经济根源，从而把社会发展的历史看成是精神发展史，无法理解社会历史发展的客观规律。马克思是从物质而非精神的维度去解释社会历史发展的机制，从而发现了人类历史发展的规律，创立了唯物史观。唯物史观是马克思最重要、最核心的理论贡献之一。值得强调指出，这里的"物"不是指占据一定空间的物理事物、物质对象，而是指物质性的实践，确切来讲就是生产方式。生产方式是生产力和生产关系的统一体。

---

① 习近平. 在北京大学师生座谈会上的讲话 [N]. 人民日报，2018-05-03 (2).

马克思把社会比作一座大厦，并把社会关系区分为经济基础和上层建筑两部分。经济基础是指由社会一定发展阶段的生产力所决定的生产关系的总和，上层建筑则由政治上层建筑（政治法律制度、国家机器）和观念上层建筑（意识形态）构成。首先，经济基础决定上层建筑。经济基础是上层建筑赖以存在和发展的物质基础。任何上层建筑的产生和发展，都可以直接或间接地从社会的经济基础中得到说明。经济基础的性质决定上层建筑的性质，有什么样的经济基础，就有什么样的上层建筑。经济基础的变更必然引起上层建筑的变革，并决定其变革的方向。其次，上层建筑对经济基础有反作用。上层建筑为巩固自己的经济基础服务，确立或维护其在社会中的支配地位。在阶级社会，统治者总是利用和依靠自己在政治、思想上的强势地位，通过国家政权和意识形态的力量，排除异己势力及其思想，力图将对自己有利的经济结构控制在"秩序"的范围之内，从而维护自己的根本经济利益。

按照马克思的唯物史观，无论是作为教育内容的思想观念，还是作为教育运作机制的法律制度，都属于上层建筑的范畴。这意味着：教育必须与特定的经济基础相适应，反映经济基础的要求，也就是维护在经济结构中占据优势的统治阶级的利益。在阶级社会中，教育是为统治阶级服务的，这是从历史唯物主义合乎逻辑地引申出来的一个结论。正如统治阶级会利用国家机器、法律制度、意识形态来巩固自己的阶级统治，它们也会利用教育为实现自己的利益服务，使有利于自己的思想观念被未来的社会成员和统治对象所接受。在《德意志意识形态》中，马克思和恩格斯指出："统治阶级的思想在每一时代都是占统治地位的思想。这就是说，一个阶级是社会上占统治地位的物质力量，同时也是社会上占统治地位的精神力量。支配着物质生产资料的阶级，同时也支配着精神生产资料，因此，那些没有精神生产资料的人的思想，一般地是隶属于这个阶级的。"① 在不同的社会形态、生产方式、统治阶级的语境下，会产生不同的教育本质、内容、目的、方向。一句话，教育必须培养社会发展所需要的人。

2. 我国是中国共产党领导的社会主义国家

社会主义五百年，经历了从空想到科学、从理论到实践、从一国到多国发展的过程。19世纪中叶，马克思和恩格斯深入考察和分析资本主义国家的经济、政治和社会发展状况，批判性地吸收了德国古典哲学、法国空想社会主义、英国古典政治经济学的"合理内核"，提出了唯物史观和剩余价值学说，做出了资本主义必然消亡、社会主义必然胜利的论断。在马克思和恩格斯那里，社会主义思想建立在对人类社会历史发展的客观规律的把握之上，由此，社会主义从空想变成了科学。1917年，列宁领导十月革命取得胜利，建立了世界上第一个社会主义国家，使社会主义从理论走向实践。第二次世界大战结束之后，包括中华人民共和国在内的一批社会主义国家诞生，社会主义国家的人口一度占到全世界人口的1/3，社会主义从一国实践走向多国发展。

近代以来，中华民族陷入内忧外患的境地，中国人民遭受了巨大的痛苦。无数仁人志士提出并尝试了各种救国救民的方案，但都没能真正将中国人民从深重的苦难中解救出来。从根本上改变中华民族和中国人民前途命运的是中国共产党。以毛泽东同志为主要代表的中国共产党人领导中国人民，经过长期艰苦卓绝的

① 马克思，恩格斯.马克思恩格斯选集：第1卷［M］.3版.北京：人民出版社，2012：178.

革命斗争，推翻了帝国主义、封建主义和官僚资本主义这三座大山，建立了社会主义的新中国，确立了社会主义基本制度，完成了中华民族有史以来最广泛而深刻的社会变革。在探索过程中，虽然经历了曲折坎坷，但党在社会主义革命和建设中所取得的成就，为新时期开创中国特色社会主义奠定了坚实的物质基础，提供了宝贵的历史经验。

党的十一届三中全会以后，以邓小平同志为主要代表的中国共产党人，做出了把党和国家的工作中心转移到经济建设上来、实行改革开放的历史性决策，初步回答了"什么是社会主义、怎样建设社会主义"的重大理论问题，深刻揭示了社会主义的本质（"解放生产力，发展生产力，消灭剥削，消除两极分化，最终达到共同富裕"），确立了社会主义初级阶段的基本路线，由此开创了中国特色社会主义。

以江泽民同志为主要代表的中国共产党人，在国际国内形势异常复杂、国际共产主义运动遭受严重挫折的情况下，紧紧围绕建设中国特色社会主义这个主题，确立了社会主义市场经济体制的改革目标，确立了社会主义初级阶段的基本经济制度和分配制度，提出按"三个代表"重要思想的要求加强党的建设，指引党和国家的全部工作，捍卫了中国特色社会主义，把中国特色社会主义事业推向了21世纪。以胡锦涛同志为主要代表的中国共产党人，在全面建设小康社会的进程中，总结中国发展实践，借鉴国外发展经验，提出科学发展观，强调坚持以人为本、全面协调可持续发展，在新的历史时期坚持和发展了中国特色社会主义。

党的十八大以来，以习近平同志为核心的党中央，准确把握中国特色社会主义新的历史方位，准确把握中国社会主要矛盾的变化，科学回答了当代中国和世界发展的一系列重大理论和现实问题，形成并统筹推进经济建设、政治建设、文化建设、社会建设、生态文明建设"五位一体"总体布局，形成并协调推进全面建成小康社会、全面深化改革、全面依法治国、全面从严治党"四个全面"战略布局，提出了坚持和发展中国特色社会主义的十四条基本方略，推动中国特色社会主义进入了新时代。

一个国家实行什么样的"主义"，关键要看这个"主义"能否解决这个国家面临的历史性课题。"鞋子合不合脚，自己穿了才知道。"在民族国家危难之际，各种主义和思潮都进行了尝试。但实践证明，自由主义、改良主义、实用主义、民粹主义、社会达尔文主义等都失败了，资本主义道路在中国行不通。是社会主义引导中国人民改变了任人宰割的命运，迎来了民族独立的光明前途；是中国特色社会主义使中国快速发展起来，走上了民族复兴的康庄大道。新中国成立尤其是改革开放 40 多年来，中国的综合国力、国际地位大幅提升，人民生活水平显著提高。中国用几十年时间走完了发达国家用几百年走过的工业化道路，创造了一个又一个奇迹。作为世界上最大的发展中国家，中国目前跃升为世界第二大经济体。社会主义在经历重大挫折之后，重新在世界上人口最多的国家焕发出勃勃生机。"党和国家的长期实践充分证明，只有社会主义才能救中国，只有中国特色社会主义才能发展中国。"[1]

改革开放以来，我们取得一切成绩和进步的根本原因，归结起来就是：开辟了中国特色社会主义道路，形成了中国特色社会主义理论体系，确立了中国特色社会主义制度，发展了中国特色社会主义文化。其中，中国特色社会主义道路是实现路径，中国

① 习近平. 习近平谈治国理政 [M]. 北京：外文出版社，2014：7.

特色社会主义理论体系是行动指南，中国特色社会主义制度是根本保障，中国特色社会主义文化是精神力量，四者统一于中国特色社会主义伟大实践①。相应地，我们必须坚定道路自信、理论自信、制度自信、文化自信。中国特色社会主义伟大事业取得的举世瞩目的成就表明，我们不仅应该坚定"四个自信"，而且有理由坚定"四个自信"。

中国特色社会主义，是一条适合中国国情同时顺应时代发展要求的正确道路，是实现社会主义现代化、为人民创造美好生活的必由之路，是实现中华民族伟大复兴的必由之路，必须坚定不移地走下去。应当注意到，现在有些人经常对"道路问题"展开议论，有的想回到"封闭僵化的老路"，有的想走"改旗易帜的邪路"。这里面，有的是陷入思想认识上的误区，对时代发展趋势认识不足；有的则是包藏祸心，妄图对中国实施"和平演变"。走中国特色社会主义道路，需要对这两种错误观点加以防范。

中国特色社会主义伟大事业任重而道远。中国特色社会主义是不断发展、不断前进的，需要一代又一代的中国共产党人领导人民不懈奋斗。习近平总书记指出："坚持和发展中国特色社会主义是一篇大文章，邓小平同志为它确定了基本思路和基本原则，以江泽民同志为核心的党的第三代中央领导集体、以胡锦涛同志为总书记的党中央在这篇大文章上都写下了精彩的篇章。现在，我们这一代共产党人的任务，就是继续把这篇大文章写下去。"② 这是以习近平同志为核心的党中央向中国乃至全世界做出的庄严宣示。

---

① 中共中央宣传部. 习近平新时代中国特色社会主义思想学习纲要［M］. 北京：学习出版社，2019：31.

② 中共中央宣传部. 习近平总书记系列重要讲话读本［M］. 北京：学习出版社，2016：38.

习近平总书记对中国特色社会主义的本质属性做出清晰的厘定："我们党始终强调，中国特色社会主义，既坚持了科学社会主义基本原则，又根据时代条件赋予其鲜明的中国特色。这就是说，中国特色社会主义是社会主义，不是别的什么主义……近些年来，国内外有些舆论提出中国现在搞的究竟还是不是社会主义的疑问，有人说是'资本社会主义'，还有人干脆说是'国家资本主义'、'新官僚资本主义'。这些都是完全错误的。"① 说中国特色社会主义是社会主义，就是不论将改革开放推进到什么阶段，都始终坚持中国特色社会主义的道路、理论、制度和文化，贯彻党的基本路线和基本方略。这包括：坚持中国共产党的领导，立足基本国情；坚持以经济建设为中心；坚持四项基本原则；坚持改革开放，不断解放和发展生产力，促进人的全面发展，实现共同富裕，建设富强民主文明和谐美丽的社会主义现代化强国；坚持人民代表大会制度这一根本政治制度；坚持中国共产党领导的多党合作和政治协商制度、民族区域自治制度、基层群众自治制度等基本政治制度；坚持中国特色社会主义法律体系；坚持公有制为主体、多种所有制经济共同发展的基本经济制度；等等。这些内容在新的历史条件下彰显了科学社会主义的基本原则，"如果丢掉了这些，那就不成其为社会主义了"②。

3. 我国社会主义的国家性质决定了必须坚持社会主义办学方向

既然教育本质上是培养社会发展所需要的人，而我国是中国共产党领导的社会主义国家，走的是中国特色社会主义的发展道路，那么，坚持社会主义办学方向、培养建设社会主义所需要的

---

① 中共中央宣传部. 习近平总书记系列重要讲话读本［M］. 北京：学习出版社，2016：28-29.
② 同①29-30.

人才，就是一个合乎逻辑的结论。如果忽视了对社会主义办学方向的坚持，在培养人的问题上走偏了，我们为之奋斗的中国特色社会主义事业就将面临失败。

在 2016 年全国高校思想政治工作会议上，习近平总书记突出强调了"办学方向"的问题，并明确界定了我国高校的性质，是"党领导的高校"，是"中国特色社会主义高校"。习近平总书记从社会现实出发，指出我国独特的历史、文化和国情，决定了我国必须坚持自己的高等教育发展道路，扎实办好中国特色社会主义高校。我国高等教育肩负着培养德智体美全面发展的社会主义事业建设者和接班人的重大任务，"必须坚持正确政治方向"[①]。

在北京大学师生座谈会上的讲话中，习近平总书记提出，要办出中国特色的世界一流大学，要抓好三项"基础性工作"，其中第一项就是"坚持办学正确政治方向"。习近平总书记强调："我国社会主义教育就是要培养社会主义建设者和接班人……要把中国特色社会主义道路自信、理论自信、制度自信、文化自信转化为办好中国特色世界一流大学的自信。只要我们在培养社会主义建设者和接班人上有作为、有成效，我们的大学就能在世界上有地位、有话语权。"[②]

在全国教育大会上，习近平总书记把"坚持社会主义办学方向"作为"九个坚持"之一，将其视为十八大以来我们党就教育改革发展提出的重要思想观点，并指出"这是对我国教育事业规律性认识的深化，来之不易，要始终坚持并不断丰富发展"[③]。值

---

① 习近平在全国高校思想政治工作会议上强调　把思想政治工作贯穿教育教学全过程　开创我国高等教育事业发展新局面［N］．人民日报，2016 - 12 - 09（1）．

② 习近平．在北京大学师生座谈会上的讲话［N］．人民日报，2018 - 05 - 03（2）．

③ 习近平在全国教育大会上强调　坚持中国特色社会主义教育发展道路　培养德智体美劳全面发展的社会主义建设者和接班人［N］．人民日报，2018 - 09 - 11（1）．

得注意的是，在这里，"坚持社会主义办学方向"的论断不只是限定在高等教育领域，而是适用于各级各类教育，对我国教育事业的发展具有一般性的指导意义。

总而言之，"坚持社会主义办学方向"的理论逻辑非常清楚，它建立在两个前提之上：一是教育具有社会性，教育的性质取决于所处社会的性质（大前提）；二是我国是中国共产党领导的社会主义国家，坚持和发展中国特色社会主义是党和国家面临的历史主题，且中国特色社会主义本质上是社会主义，不是其他什么主义（小前提）。从这两个理论前提出发，可以合乎逻辑地推出"坚持社会主义办学方向"的结论。

## 二、坚持社会主义办学方向的历史逻辑

习近平总书记指出："当今世界，要说哪个政党、哪个国家、哪个民族能够自信的话，那中国共产党、中华人民共和国、中华民族是最有理由自信的。"[①] 同样地，事实证明，中国的教育事业也最有理由自信。新中国成立以来，特别是改革开放以来，中国的教育事业实现了跨越式发展，取得了举世瞩目的历史性成就。党和国家始终把教育放在优先发展的战略地位，对教育的投入不断加大。2017 年，国务院颁布《国家教育事业发展"十三五"规划》，其中明确规定，教育是各级政府财政支出的重点领域，必须予以优先安排，确保国家财政性教育经费支出占国内生产总值的比例一般要大于等于 4%。这就从制度上明确保障了公共教育经费的投入，为提升教育的规模和质量提供了充足的经费保障。各

---

① 习近平. 在庆祝中国共产党成立 95 周年大会上的讲话［N］. 人民日报，2016 - 07 - 02（2）.

级各类教育事业全面发展，回应了人民对"更好的教育"的期盼。学前教育实现跨越式发展，九年义务教育进一步得到普及，高中阶段普及水平不断提升，高等教育的国际竞争力显著提升，现代职业教育体系初步建立，教育信息化建设不断推进。构建了方向正确、学段衔接、常态开展的思想政治教育工作体系，思想政治工作贯穿教育教学全过程。广大青年学生不断提高思想水平、政治觉悟、道德修养，不断激发出为中华民族伟大复兴而不懈奋斗的正能量。我国的教育事业能够取得这些历史性的成就，最根本的一条经验，就是坚持社会主义的办学方向。如果方向错了，教育事业就不可能取得成功。从革命、建设和改革各个历史时期的教育方针来看，中国共产党人历来强调教育领域坚持正确政治方向的重要性。

1. 新民主主义革命时期党的教育方针

早在新民主主义革命时期，毛泽东就明确指出，学校教育和青年学习都应该"把坚定正确的政治方向放在第一位"①。

众所周知，毛泽东青年时代就读于长沙第一师范学校，毕业后也曾做过一段时间的教师工作，因而有着深厚的教育情结。1921年底，毛泽东填写了《少年中国学会会员终身志业调查表》。他在"终身欲研究之学术"栏，填写了"教育学"。由此可见，教育问题和教育事业在毛泽东心目中具有巨大分量。无论在革命战争年代，还是在社会主义建设时期，毛泽东都以无产阶级政治家、革命家、理论家的身份，关注和思考教育问题，并发表了大量关于教育工作的论述。

在毛泽东关于教育工作的重要论述中，教育本质始终是他关

---

① 毛泽东. 在模范青年发奖大会上的讲话［N］. 新中华报，1939-06-06.

心的重大基本问题之一，对教育本质的认识决定了他对其他教育问题的认识①。五四运动之前，毛泽东受近代启蒙思想家的影响，大力批判传统教育，一定程度上接受"教育救国论"和"教育独立论"，试图通过变革教育的方式改造国民性，通过教育变革实现社会变革。五四运动之后，毛泽东更多参与教育实践，他创办了工读新村、工人夜校和农民补习学校。基于这些实践经验，毛泽东开始认识到，教育活动不是孤立的，而是在现实社会中得以开展的。要对现实教育进行批判和改造，不能就教育谈教育，而是要看到教育问题的社会根源。

1927 年，在《湖南农民运动考察报告》中，毛泽东指出："中国历来只是地主有文化，农民没有文化。可是地主的文化是由农民造成的，因为造成地主文化的东西，不是别的，正是从农民身上掠取的血汗。"要使广大农民拥有文化，像杜威、陶行知这些教育家那样单纯地提倡平民教育、乡村教育是行不通的，必须从根本上开展政治革命，彻底推翻地主阶级的统治。事实上，"农村里地主势力一倒，农民的文化运动便开始了。……不久的时间内，全省当有几万所学校在乡村中涌出来，不若知识阶级和所谓'教育家'者流，空唤'普及教育'，唤来唤去还是一句废话"②。从这里不难看出，毛泽东的教育本质思想和马克思主义经典作家一脉相承，那就是主张教育的社会性、政治性，以及在阶级社会的阶级性。毛泽东认为，在经济上和政治上占据统治地位的阶级，也必然在文化和教育上占据统治地位。统治阶级会利用自己在经济上和政治上的权力和优势，促使教育向它们所希望的方向发展，

① 石中英．重新思考毛泽东的教育思想遗产［J］．北京大学教育评论，2016（3）：105-116.

② 毛泽东．毛泽东论教育［M］．北京：人民教育出版社，2008：1-2.

以进一步巩固自己的统治地位。因此，要改造旧社会的教育，单靠教育界的努力是不够的，必须具有一个更宽广的视野，从系统的角度出发，去改造社会本身，解决社会存在的问题。只有当中国社会的问题解决好了，才有望解决中国教育的问题。

旧社会教育最显著的问题就是，它是面向少数人的，而不是多数人的；它的服务对象是统治阶级，而非人民群众。在半殖民地半封建社会的中国，在人口总数中占绝大多数的工人阶级和农民阶级，恰恰是最缺少也是最需要教育的。毛泽东对中国历史上教育的本质有客观而深刻的认识，他指出："中国教育史有人民性的一面。孔子的有教无类，孟子的民贵君轻，荀子的人定胜天，屈原的批判君恶，司马迁的颂扬反抗，王充、范缜、柳宗元、张载、王夫之的古代唯物论，关汉卿、施耐庵、吴承恩、曹雪芹的民主文学，孙中山的民主革命，诸人情况不同，许多人并无教育专著，然而上举那些，不能不影响对人民的教育，谈中国教育史，应当提到他们。但是就教育史的主要侧面说来，几千年来的教育，确是剥削阶级手中的工具，而社会主义教育乃是工人阶级手中的工具。"[1]

新民主主义的、社会主义的教育，正是要改变教育为少数人服务的状况。和同时代的那些进步的教育思想家一样，毛泽东一生始终致力于追求为人民办教育，主张教育向广大人民群众开放。不同之处在于，在毛泽东看来，教育的人民性只有在社会主义社会才能真正得以实现。因为，社会主义社会彻底废除了少数人压迫和剥削多数人的制度。包括工农在内的人民群众开始当家作主，成为国家的主人。为人民办教育，是社会主义的应有之义。

---

[1] 毛泽东. 毛泽东论教育［M］. 北京：人民教育出版社，2008：293-294.

1934 年，中国共产党领导的中央苏区确定了苏维埃文化教育总方针。毛泽东指出："苏维埃文化教育的总方针在什么地方呢？在于以共产主义的精神来教育广大的劳苦民众，在于使文化教育为革命战争与阶级斗争服务，在于使教育与劳动联系起来，在于使广大中国民众都成为享受文明幸福的人。"①

1940 年，毛泽东在《新民主主义论》中阐述了新民主主义文化及新教育的构想。毛泽东从马克思主义的唯物史观中得出结论："一定的文化是一定社会的政治和经济在观念形态上的反映。"②在半殖民地半封建社会的旧中国，占主导地位的是旧文化。旧文化由两部分合成，一部分是"中国自己的半封建的文化"，另一部分是"帝国主义的文化"。旧文化是负面的东西，应该予以消除。取代旧文化的是新文化。新文化在观念上反映新政治和新经济，并为新政治和新经济服务。"所谓新民主主义的文化，就是人民大众反帝反封建的文化；在今日，就是抗日统一战线的文化。这种文化，只能由无产阶级的文化思想即共产主义思想去领导，任何别的阶级的文化思想都是不能领导了的。所谓新民主主义的文化，一句话，就是无产阶级领导的人民大众的反帝反封建的文化。"③从特征上说，这种新民主主义文化是"民族的科学的大众的文化"。

1945 年，在《论联合政府》中，毛泽东指出："农民——这是现阶段中国文化运动的主要对象。所谓扫除文盲，所谓普及教育，所谓大众文艺，所谓国民卫生，离开了三亿六千万农民，岂非大半成了空话？我这样说，当然不是忽视其他约占人口九千万

---

① 中共中央文献研究室. 建国以来重要文献选编：第 11 册［M］. 北京：中央文献出版社，1995：418.

② 毛泽东. 毛泽东选集：第 2 卷［M］. 2 版. 北京：人民出版社，1991：694.

③ 同②698.

的人民在政治上经济上文化上的重要性，尤其不是忽视在政治上最觉悟因而具有领导整个革命运动的资格的工人阶级，这是不应该发生误会的。"① 基于这样的眼光和认识，毛泽东在实践中非常重视人民的教育问题。无论在革命时期，还是在社会主义建设时期，毛泽东都强调要采取各种措施，提高人民群众的文化素质，让广大人民群众真正拥有文化和教育的权利，坚决反对任何将人民群众拒之于教育大门之外的观念和行为。

在《论联合政府》中，毛泽东还进一步提出："从百分之八十的人口中扫除文盲，是新中国的一项重要工作。一切奴化的、封建主义的和法西斯主义的文化和教育，应当采取适当的坚决的步骤，加以扫除。……中国国民文化和国民教育的宗旨，应当是新民主主义的；就是说，中国应当建立自己的民族的、科学的、人民大众的新文化和新教育。"②

新民主主义教育也具有"民族的科学的大众的"特点。新民主主义教育是民族的，"它是反对帝国主义压迫，主张中华民族的尊严和独立的。它是我们这个民族的，带有我们民族的特性"。新民主主义教育具有民族的形式和特点。对于国外教育，既不一概否定，也不全盘接受，而是弃其糟粕、取其精华。新民主主义教育是科学的，"它是反对一切封建思想和迷信思想，主张实事求是，主张客观真理，主张理论和实践一致的"。对中国古代和近代的教育，既不一味否定，也不因循守旧，而是剔除其封建性的糟粕，吸取其科学性的精华。新民主主义教育是大众的，"它应为全民族中百分之九十以上的工农劳苦民众服务"，"要把教育革命干部的知识和教育革命大众的知识在程度上互相区别又互相联结起

① 毛泽东. 毛泽东选集：第 3 卷 [M]. 2 版. 北京：人民出版社，1991：1078.
② 同①1083.

来，把提高和普及互相区别又互相联结起来"①。

需要强调的是，除了具有"民族的科学的大众的"特点之外，新民主主义教育还有两个重要特征：它由中国共产党领导，并以共产主义为思想指针。

党的领导主要是政治上的领导。新民主主义教育的方针、政策和制度，都是根据党的总方针具体制定的。中等以上学校都建立了党组织，按照当时党章的规定，对学校行政部门贯彻执行党的路线、方针、政策，负有监督和保证的责任。

共产主义思想指明了中国革命的方向：首先建立新民主主义社会，然后再使之发展到社会主义社会。相应地，共产主义思想也指明了中国教育发展的方向：在社会主义建立之前，实现新民主主义教育；到社会主义建设时期，实行社会主义教育。

一方面，不能将新民主主义教育和社会主义教育混为一谈。前者反映的是新民主主义的政治和经济，后者反映的是社会主义的政治和经济。在新民主主义革命时期，"就整个政治情况、整个经济情况和整个文化情况说来，却还不是社会主义的，而是新民主主义的。因为在现阶段革命的基本任务主要地是反对外国的帝国主义和本国的封建主义，是资产阶级民主主义的革命，还不是以推翻资本主义为目标的社会主义的革命。……就整个社会来说，我们现在还没有形成这种整个的社会主义的政治和经济，所以还不能有这种整个的社会主义的国民文化"②。因此，新民主主义教育和社会主义教育在内容和要求上是有区别的。

另一方面，新民主主义教育具有社会主义的因素。毛泽东指出："当作国民文化的方针来说，居于指导地位的是共产主义的思

① 毛泽东.毛泽东选集：第2卷［M］.2版.北京：人民出版社，1991：706-708.
② 同①705.

想，并且我们应当努力在工人阶级中宣传社会主义和共产主义，并适当地有步骤地用社会主义教育农民及其他群众。"① 也就是说，在新民主主义教育中，我们应该加强对共产主义思想和马克思列宁主义的宣传和学习，"没有这种宣传和学习，不但不能引导中国革命到将来的社会主义阶段上去，而且也不能指导现时的民主革命达到胜利"②。大力宣传共产主义的思想体系和社会制度，与坚持新民主主义的行动纲领并不矛盾。在发展新民主主义教育的同时，必须"用共产主义的立场和方法去观察问题、研究学问、处理工作、训练干部"③。

2. 新中国成立初期党的教育方针

新中国成立后，中央人民政府以《中国人民政治协商会议共同纲领》为施政方针。《共同纲领》确认了"中华人民共和国的文化教育为新民主主义的，即民族的、科学的、大众的文化教育"的基本方针。中国共产党迅速完成了对旧教育制度的改造。第一次全国教育工作会议明确提出：新中国以老解放区新教育经验为基础，吸收旧教育某些有用的经验，特别要借鉴苏联教育建设的先进经验发展新民主主义教育。其目的是为人民服务，首先为工农兵服务，为当前革命斗争与建设服务。"老解放区教育，首先是中小学教育，现在应以巩固与提高为主，条件许可时，可适应群众需要做某些发展。巩固与提高的关键是适当解决师资和教材问题。""新解放区教育工作的关键是争取团结、改造知识分子……坚决执行维持原有学校，逐步作可能与必要的改善的方针。新区学校安顿以后的主要工作，是有效地在师生中进行政治思想教育，

---

① 毛泽东. 毛泽东选集：第 2 卷［M］. 2 版. 北京：人民出版社，1991：704.
② 同①706.
③ 同①705.

使他们逐步建立革命人生观"。这些方针政策明确了当时教育工作的性质、任务和总方向，对于肃清国民党政府的文教政策和旧教育的不良影响，以及新中国成立初期教育的改造与建设起着重要的指导作用。

1951年，第一次全国中等教育会议提出："普通中学的宗旨和培养目标是使青年一代在智育、德育、体育、美育各方面获得全面发展，使之成为新民主主义社会自觉的积极的成员。"这是新中国成立后首次提出智、德、体、美全面发展，使教育方针的表述更加简明全面。

1953年，我国进入了社会主义改造时期。中共中央公布了过渡时期总路线。教育工作的中心转移到为社会主义工业化和三大改造服务的轨道上来。教育方针的提法随之发生了变化。

1954年，全国中学教育会议提出：当前中学教育的任务，是以国家总路线的精神教育学生，把他们培养成积极参加社会主义建设和保卫祖国的全面发展的新人。同年，政务院公布的《关于改进和发展中学教育的指示》提出："中学教育的目的，是以社会主义思想教育学生，培养他们成为社会主义社会全面发展的成员。"

1955年，中华全国学生会第十六次代表大会提出，全国青年学生要在中国共产党领导下，贯彻毛主席"身体好、学习好、工作好"的指示，把自己培养成为具有高度的社会主义觉悟、能够掌握现代科学知识、身体健康的全面发展的社会主义建设者。这几种提法，明确提出了培养社会主义新人和建设者的目标，以及德智体几方面全面发展的标准，反映了整个教育事业的社会主义方向和全面发展的目标要求。

1956年，党的八大宣告完成了从新民主主义到社会主义的过渡。1957年，毛泽东提出："我们的教育方针，应该使受教育者在德育、智育、体育几方面都得到发展，成为有社会主义觉悟的有文化的劳动者。"① 这是中国共产党人第一次正式使用"教育方针"的概念，并标志着新中国教育方针的性质正式从新民主主义转变为社会主义。由此，新中国启动了发展社会主义教育的历史进程，对我国教育的发展产生了深远的影响。

教育是培养人的活动。对于这一点，即使是不同时代、不同社会的人，大概都没有什么分歧。但培养什么样的人，在不同社会的语境下，人们会产生不同的认识。而这个问题，恰恰是教育的首要问题，是教育本质的具体、鲜明的体现。关于新中国教育培养什么样的人的问题，毛泽东在1957年就做出了明确的回答。在《关于正确处理人民内部矛盾的问题》的讲话中，毛泽东指出："我们的教育方针，应该使受教育者在德育、智育、体育几方面都得到发展，成为有社会主义觉悟的有文化的劳动者。"② 这个重要论断主要表达了两个要点：一是教育是培养劳动者的，二是劳动者必须具备社会主义觉悟和文化两方面的素质。

教育要培养劳动者，是一个具有开创性、革命性的观念。中国社会自古以来深受封建思想的影响，有"学而优则仕"的风气，这个传统可以说根深蒂固。很多人不加反思地认为，学习知识、接受教育的目的就是当官，或成为高高在上、让人仰慕、掌握丰富资源的社会精英。至于劳动，那是普通民众做的事，精英人士根本不屑为之。这个观点值得肯定的地方在于，它向所有的社会成员尤其是出身贫寒的人们传达了一个积极的信息：阶层流动的通道是打开的，你可以凭借自己的努力，在学业上获得成功，这

① 毛泽东. 毛泽东文集：第7卷 [M]. 北京：人民出版社，1999：226.
② 毛泽东. 毛泽东论教育 [M]. 北京：人民教育出版社，2008：272.

样就可以改变自己的命运。"学而优则仕"在某种程度上提供了一种机会平等，对促进社会的公平正义具有一定的积极意义。但是，这个观点的错误在于，它所确立的教育目标过于狭隘了。随着科学技术的不断进步，我们能够认识到，不仅从政做官需要接受教育，从事其他行业，哪怕是一线的生产劳动，也必须接受教育，从而掌握劳动所需的知识和技能。在今天这样一个知识经济的时代，一个人如果没有受过教育，恐怕连最基本的劳动岗位也无法胜任。所以，教育的目标不应该只是培养社会精英，也应该包括培养普通劳动者。把社会精英和劳动者群体对立起来，本身就是不恰当的。而共产党人所追求的社会主义乃至共产主义，更应该打破这样的对立。今天的劳动者，已经不再限定于体力劳动者的范围。就算是纯粹从事脑力劳动、具有非凡的知识和智慧的人，也属于劳动者，这一点毋庸置疑。教育要培养劳动者的观念，不仅体现了毛泽东朴素的阶级感情，而且在逻辑上更能站住脚，理论上更有说服力。

1958年，中共中央、国务院在《关于教育工作的指示》中提出："党的教育工作方针，是教育为无产阶级的政治服务，教育与生产劳动结合。……教育的目的，是培养有社会主义觉悟的有文化的劳动者。"这是对坚持社会主义办学方向的又一次确认。

1966年，党的八届十一中全会通过《中共中央关于无产阶级文化大革命的决定》，提出："在这场文化大革命中，必须彻底改变资产阶级知识分子统治中国学校的现象。在各类学校中，必须贯彻执行毛泽东同志提出的教育为无产阶级政治服务、教育与生产劳动相结合的方针，使受教育者在德育、智育、体育几方面都得到发展，成为有社会主义觉悟的有文化的劳动者。"然而，在"文化大革命"期间，教育战线是重灾区，党的教育方针没有得到正确理解和贯彻执行。甚至，林彪、"四人帮"还提出"宁要没有文化的劳动者，而不要有文化的剥削者、精神贵族"。在这种局面下，教育事业遭到严重破坏。

3. 改革开放和社会主义现代化建设时期党的教育方针

1976 年，"四人帮"被粉碎，宣告了"文化大革命"的结束。1978 年，党的十一届三中全会召开，停止了"以阶级斗争为纲"的口号，做出了把全党全国的工作中心转移到社会主义现代化建设上来的战略决策。我国的教育发展也随之进入了一个新的历史阶段。

在强调我国教育的社会主义性质和方向方面，邓小平和毛泽东的观点一脉相承。在 1978 年全国教育工作会议上的讲话中，邓小平重申了毛泽东提出的教育方针："我们的学校是为社会主义建设培养人才的地方。培养人才有没有质量标准呢？有的。这就是毛泽东同志说的，应该使受教育者在德育、智育、体育几方面都得到发展，成为有社会主义觉悟的有文化的劳动者……毫无疑问，学校应该永远把坚定正确的政治方向放在第一位。"①

在强调社会主义教育本质的基础上，邓小平要求正确处理坚定正确政治方向和学习科学文化的关系。进入改革开放和社会主义现代化建设的新时期，以邓小平同志为主要代表的中国共产党人高度重视办学的政治方向问题。邓小平对"四人帮"在教育问题上的错误观点进行了全面的批判。他明确指出，把坚定正确的政治方向放在第一位，并不排斥学习科学文化。我们要发展现代科学，传播文化知识，推动各行各业的技术创新，创造出比资本主义社会更高的生产力，建设现代化的社会主义强国，显示社会主义制度的优越性，并在上层建筑领域清除资产阶级的影响，就

---

① 邓小平. 邓小平文选：第 2 卷［M］. 2 版. 北京：人民出版社，1994：103 - 104.

必须培养掌握科学文化的高素质劳动者，造就"宏大的又红又专的工人阶级知识分子队伍"。这非但没有违反，而且还体现了无产阶级政治的要求。越是政治觉悟高、真正具有共产主义理想、致力于为共产主义事业而奋斗的人，学习科学文化的意愿越是强烈，学习起来越是刻苦。"因此，'四人帮'把在坚持正确的政治方向的前提下大力提高教育质量，大力提高学生的科学文化水平，说成是什么'智育第一'，加以反对，这不但是彻底的荒谬，而且是对于无产阶级政治的实际上的取消和背叛。"①

1981年，党的十一届六中全会通过的《关于建国以来党的若干历史问题的决议》提出，要加强和改善思想政治工作，用马克思主义世界观和共产主义道德教育人民和青年，坚持德智体全面发展、又红又专、知识分子与工人农民相结合、脑力劳动与体力劳动相结合的教育方针。1985年，《中共中央关于教育体制改革的决定》指出，教育必须为社会主义建设服务，社会主义建设必须依靠教育。1986年，《中华人民共和国义务教育法》规定，义务教育必须贯彻国家的教育方针，努力提高教育质量，使儿童、少年在品德、智力、体质等方面全面发展，为提高全民族的素质，培养有理想、有道德、有文化、有纪律的社会主义建设人才奠定基础。这个表述对培养目标的概括更加全面，既包括"德智体"全面发展，也包括"四有"要求。

在改革开放的新时期，邓小平强调："在改革中坚持社会主义方向，这是一个很重要的问题。我们要实现工业、农业、国防和科技现代化，但在四个现代化前面有'社会主义'四个字，叫'社会主义四个现代化'。"② "很多人只讲现代化，忘了我们讲的

① 邓小平.邓小平文选：第2卷［M］.2版.北京：人民出版社，1994：104.
② 邓小平.邓小平文选：第3卷［M］.北京：人民出版社，1993：138.

现代化是社会主义现代化。"① 显然，在邓小平看来，我们大力推动的教育现代化也必须在社会主义的方向上进行。此外，邓小平还表示，我们完全具有把握社会主义方向的能力。因为，"我们社会主义的国家机器是强有力的。一旦发现偏离社会主义方向的情况，国家机器就会出面干预，把它纠正过来。开放政策是有风险的，会带来一些资本主义的腐朽东西。但是，我们的社会主义政策和国家机器有力量去克服这些东西。所以事情并不可怕"②。我国的教育事业是在社会主义国家机器的支持下展开的，因而具备自我修复和调整的能力。只要执政党认识到坚持社会主义办学方向的重要性，并加以贯彻落实，就一定能确保教育的社会主义性质。

邓小平深刻地认识到，"四人帮"对教育事业的破坏，不仅直接造成了我国科学文化水平的滞后，而且严重损害了学校的思想政治教育工作，败坏了学校纪律和社会风气。表面上看，"四人帮"鼓吹政治至上，但实际上他们搞的是反社会主义的政治，是用最反动最落后的思想腐蚀青少年，阻碍了社会主义事业的发展。为了彻底清除"四人帮"造成的这种恶果，把教育调整到社会主义方向上来，邓小平要求必须重新加强对青少年的思想政治教育，"造就具有社会主义觉悟的一代新人"。

党的十一届三中全会以后，邓小平经常强调要把青年一代培养成"有理想、有道德、有文化、有纪律"的社会主义"四有"新人。他指出："这四条里面，理想和纪律特别重要。我们一定要经常教育我们的人民，尤其是我们的青年，要有理想。"③ 在邓小

---

① 邓小平. 邓小平文选：第 3 卷 [M]. 北京：人民出版社，1993：209.
② 同①139.
③ 同①110.

平看来，坚定理想信念是我们取得革命胜利的重要历史经验。我们之所以能够在困难重重的情况下，面对强大的敌人并战而胜之，原因就在于"我们有理想，有马克思主义信念，有共产主义信念"。教育的任务是把有力的思想武器传递给下一代。因此，"要特别教育我们的下一代下两代，一定要树立共产主义的远大理想，一定不能让我们的青少年作资本主义腐朽思想的俘虏，那绝对不行"①。理想的实现，还需要有纪律。中国是一个幅员辽阔、人口众多的大国。要把我们这样一个大国团结和组织起来，理想和纪律缺一不可。"没有理想，没有纪律，就会像旧中国那样一盘散沙，那我们的革命怎么能够成功？我们的建设怎么能够成功？"②

邓小平主张，要发扬我们党教育事业的优良传统，对青少年从小就开始培养革命理想和共产主义品格。对青少年的思想政治教育，要动员社会方方面面的力量，齐心协力共同来抓。一线的教育工作者、教育主管部门、每一个家庭，都应该关心青少年思想政治的进步。具体来说，"我们要大力在青少年中提倡勤奋学习、遵守纪律、热爱劳动、助人为乐、艰苦奋斗、英勇对敌的革命风尚，把青少年培养成为忠于社会主义祖国、忠于无产阶级革命事业、忠于马克思列宁主义毛泽东思想的优秀人才，将来走上工作岗位，成为有很高的政治责任心和集体主义精神，有坚定的革命思想和实事求是、群众路线的工作作风，严守纪律，专心致志地为人民积极工作的劳动者"③。

为了贯彻落实培养德智体全面发展、有社会主义觉悟和有文化的劳动者这一教育方针，邓小平还提出一些具体举措。例如，在大中学校招生和各单位招工用人时，要对照社会主义人才质量

---

①② 邓小平. 邓小平文选：第3卷 [M]. 北京：人民出版社，1993：111.

③ 邓小平. 邓小平文选：第2卷 [M]. 2版. 北京：人民出版社，1994：106.

标准，择优录取录用。这样做对于提高青少年的政治觉悟和科学文化素质、在全社会形成奋发有为、积极向上的革命风气，发挥了巨大的促进作用。一个学校能不能培养合格的社会主义建设者，关键在教师。因此，必须打造一支爱党爱国爱社会主义、勤勤恳恳为社会主义教育事业服务的教师队伍。要提高教师的政治地位和社会地位，发扬尊师重教的传统。制定合理的中小学教师工资制度，鼓励人们终身从事教育事业。各级党组织应关心教师在思想政治上的进步，安排他们认真学习马克思主义理论，使更多的教师牢固确立无产阶级的共产主义的世界观。要继续坚持教育与生产劳动相结合的原则，并且在二者结合的内容和方法上不断创新。邓小平特别强调，教育事业必须同国民经济发展的要求相适应。各级各类学校对学生参加什么样的劳动、投入多少时间、怎样同教育教学相结合，都应有合理的安排，防止学生走上工作岗位后出现学非所用、用非所学的情况。

总之，在"培养什么样的人"的问题上，邓小平坚持了毛泽东提出的教育方针，并对"四人帮"违背该方针的错误观点做出了全面、有力的批判。邓小平在把正确政治方向放在教育首要地位的同时，澄清了把握政治方向和学习科学文化的关系，为把中国教育拉回到一个正确轨道打下了坚实的思想基础。在改革开放新的历史时期，邓小平强调毫不动摇地坚持教育的社会主义性质。在总结实践经验教训的基础上，他再次肯定了思想政治工作的极端重要性。直到今天，这些思想观点仍然可以给我们提供有益的启示。

以江泽民同志、胡锦涛同志为主要代表的中国共产党人，在建设中国特色社会主义的实践中，不断完善党的教育方针，坚持教育的社会主义性质。1990年，党的十三届七中全会在关于"八五"计划的建议中提出，继续贯彻教育必须为社会主义现代化服务，必须同生产劳动相结合，培养德、智、体全面发展的建设者和接班人的方针，进一步端正办学指导思想，把坚定正确的政治方向放在首位，全面提高教育者和被教育者思想政治水平和业务素质。1993年，中共中央、国务院发布的《中国教育改革和发展纲要》重申，"各级各类学校要认真贯彻'教育必须为社会主义现代化建设服务，必须与生产劳动相结合，培养德、智、体全面发展的建设者和接班人'的方针"。1995年颁布的《中华人民共和国教育法》第五条规定："教育必须为社会主义现代化建设服务，必须与生产劳动相结合，培养德、智、体等方面全面发展的社会主义事业的建设者和接班人。"值得一提的是，这是以教育基本法形式确定的国家教育方针。1999年，《中共中央国务院关于深化教育改革全面推进素质教育的决定》指出，"实施素质教育，就是全面贯彻党的教育方针，以提高国民素质为根本宗旨，以培养学生的创新精神和实践能力为重点，造就'有理想、有道德、有文化、有纪律'的、德智体美等全面发展的社会主义事业建设者和接班人"。

2002年，党的十六大报告提出，"全面贯彻党的教育方针，坚持教育为社会主义现代化建设服务，为人民服务，与生产劳动和社会实践相结合，培养德智体美全面发展的社会主义建设者和接班人"[①]。这是关于党的教育方针的全面阐述，为2015年《中华人民共和国教育法》的修正提供了重要依据。2007年，党的十七大报告提出："坚持育人为本、德育为先，实施素质教育，提高教育现代化水平，培养德智体美全面发展的社会主义建设者和接班

① 江泽民. 全面建设小康社会 开创中国特色社会主义事业新局面：在中国共产党第十六次全国代表大会上的报告［J］. 党建，2002（12）.

人，办好人民满意的教育。"①

　　胡锦涛同志在党的十八大报告中重申了党的教育方针，并在原先的基础上做了进一步完善。胡锦涛同志指出："坚持教育为社会主义现代化建设服务、为人民服务，把立德树人作为教育的根本任务，培养德智体美全面发展的社会主义建设者和接班人。"②这句话从"教育的服务对象""教育的根本任务""教育的根本目的"三个方面，明确了教育的社会主义性质。

　　第一，教育为人民服务，而不是为少数统治者服务，充分体现了社会主义的价值观和优越性。我国是人民当家作主的社会主义国家。人民是社会主义现代化建设事业的主要参与者，也是最大受益者。教育为人民服务，是教育为社会主义现代化服务的应有之义。第二，教育的根本任务是立德树人，这里的"德"不是狭义的伦理道德，而是涵盖了政治立场、道德修养和法治精神。因此，衡量一个人是否有"德"，除了看他的道德素质，还必须考察他的政治觉悟。具体来说，就是看他是否拥护中国共产党的领导和社会主义制度，是否有志于为中国特色社会主义伟大事业奋斗终身。因此，以"立德树人"为根本任务，也彰显了我国教育的社会主义本质特征。第三，将培养德智体美全面发展的社会主义建设者和接班人作为教育的根本目的，是我国教育的社会主义性质的直接体现。培养什么人，最能体现教育的根本属性。以培养社会主义的建设者和接班人为目标，充分体现了我国教育所坚持的社会主义政治方向。

---

　　① 胡锦涛. 高举中国特色社会主义伟大旗帜　为夺取全面建设小康社会新胜利而奋斗：在中国共产党第十七次全国代表大会上的报告 ［N］. 人民日报，2007 - 10 - 25 (1).
　　② 中共中央文献研究室. 十八大以来重要文献选编：上 ［M］. 北京：中央文献出版社，2014：27.

梳理历史上尤其是新中国成立以来党的教育方针的表述，可以发现两个特点：其一，在所有这些表述中，"社会主义"是共同的关键词。不管是"培养有社会主义觉悟的劳动者"，还是"培养社会主义建设者和接班人"，都体现了教育为社会主义服务的要求，体现了我国教育的社会主义性质。我国是中国共产党领导的社会主义国家，我国教育必须培养社会主义社会需要的人才和后备力量。其二，所有这些表述都直接或间接地强调了"德育优先"。从"德智体全面发展"，到"德智体美全面发展"，再到"德智体美劳全面发展"，毫无例外地都将"德育"放在首位。这里的"德"，并非指一般意义上的道德品格，而首先是指具有高度的政治觉悟，即树立共产主义远大理想和中国特色社会主义共同理想，具有中国特色社会主义道路自信、理论自信、制度自信和文化自信，具有崇高的爱国精神，热爱和拥护中国共产党，立志扎根人民、服务国家。

总而言之，坚持正确的政治方向是我们党在教育问题上一贯秉持的优良传统，也是我们推动教育事业发展的历史经验。"鞋子合不合脚，自己穿了才知道。"这句俗语所揭示的深刻道理，在教育领域同样适用。我国的教育发展方向是否正确，我国人民尤其是教育工作者最有发言权。我国教育无论在规模上还是在质量上都取得的巨大成就充分证明了，社会主义的办学方向是正确、可行的，中国特色社会主义的教育发展道路是建设"教育强国"的必由之路。正因为有了这一正确的政治方向，我国教育的发展才会获得强大的动力。

## 三、坚持社会主义办学方向的现实逻辑

坚持社会主义办学方向，不仅是我们党推进教育发展的一项

优良传统和历史经验，也是坚持和发展中国特色社会主义、实现中华民族伟大复兴、应对意识形态挑战的现实需要。

1. 坚持和发展中国特色社会主义的现实需要

纵使国际风云变幻，我们还是必须坚持走自己的路。习近平总书记指出："站立在 960 万平方公里的广袤土地上，吸吮着中华民族漫长奋斗积累的文化养分，拥有 13 亿中国人民聚合的磅礴之力，我们走自己的路，具有无比广阔的舞台，具有无比深厚的历史底蕴，具有无比强大的前进定力。"① 经历了长期的艰难探索和实践，中国人民找到了一条既适合本国国情又顺应时代发展潮流的道路，这条道路就是中国特色社会主义道路。党的十九大提出："中国特色社会主义是改革开放以来党的全部理论和实践的主题，是党和人民历尽千辛万苦、付出巨大代价取得的根本成就。"② 现在最关键的，就是坚定不移地走这条道路，并且与时俱进地拓展这条道路，争取越走越稳健，越走越宽广。

中国特色社会主义事业是前无古人的开创性事业。没有现成的方案可以照搬，只能靠自己摸索，一点一滴地积累经验。因此，我们的前进道路不可能一帆风顺，困难和曲折在所难免。我们必须做好长期奋斗的准备，进行具有许多新的历史特点的伟大斗争。应该说，经过几十年的理论和实践的探索，我们对"什么是社会主义、怎样建设社会主义"的认识，对中国特色社会主义建设规律的把握，都达到了一个前所未有的新的高度。但同时，我们要时刻保持警醒和忧患意识。必须看到，我国的社会主义还处于初级阶段，我们还面临很多有待解决的难题，对许多重大问题的认

---

① 中共中央宣传部 . 习近平总书记系列重要讲话读本 ［M］. 北京：学习出版社，2016：39.
② 习近平 . 决胜全面建成小康社会　夺取新时代中国特色社会主义伟大胜利：在中国共产党第十九次全国代表大会上的报告 ［N］. 人民日报，2017－10－28（1）.

识和处理都处在不断深化的过程中，在可预见的未来还会遇到无数风险和挑战。

归根到底，任何事业的成功，都是靠人奋斗出来的。建设中国特色社会主义，人的因素是第一位的。要取得中国特色社会主义伟大事业的最终胜利，只靠一两代人的努力肯定不够。坚持和发展中国特色社会主义，是无比崇高而又充满艰难险阻的事业，需要一代又一代中国共产党人带领人民接续奋斗。必须要有源源不断的人才队伍，持续不断地为建设中国特色社会主义添砖加瓦，贡献智慧和力量。在大多数情况下，人才不会自发地产生，而只有在良好教育的滋养下才能形成。这里就体现出教育的重要性。

那么，一个现实问题是，什么样的人才有助于中国特色社会主义的建设呢？具有科学文化素质，掌握专业知识和技能当然是必要的。中国特色社会主义的经济、政治、文化、社会和生态文明建设，每一个领域都需要专门的知识和技术。但更为重要的是，要有社会主义的觉悟，认同中国特色社会主义道路，有服务中国特色社会主义建设的意愿。只有如此，才有可能在自己的岗位上为中国特色社会主义建设贡献智慧和力量。如果我们培养出来的人不具有社会主义的觉悟，不认同中国特色社会主义的道路，对党和国家没有感情，他们就不可能为中国特色社会主义事业服务。这样的人，即便具有科学文化素质，也难以成为建设中国特色社会主义所需的人才。相反，他们可能会利用自己掌握的知识和技术，破坏社会的秩序和稳定，阻碍中国特色社会主义事业的顺利进行，甚至葬送这项伟大事业的前途。也正因为此，在不同的历史时期，中国共产党人反复强调各行各业的人才都应该"又红又专"，坚决反对只讲业务、不讲政治的情况。

20 世纪 80 年代末，社会上掀起一股资产阶级自由化的思潮，一些自由化分子鼓吹西方资产阶级的"民主"和"自由",进行反党反社会主义的活动,最终酿成了一场政治风波。对此,邓小平做出了深刻的反思和总结,他严肃地指出:"十年最大的失误是教育,这里我主要是讲思想政治教育,不单纯是对学校、青年学生,是泛指对人民的教育。对于艰苦创业,对于中国是个什么样的国家,将要变成一个什么样的国家,这种教育都很少,这是我们很大的失误。"[①] 在邓小平看来,在这个十年,思想政治工作、坚持四项基本原则、反对资产阶级自由化,我们不是没有讲,而是讲得很少,缺乏一贯性,缺少贯彻落实的制度机制。思想政治教育薄弱的局面,在这次政治风波后得到了有效的改观。坚持社会主义办学方向的问题,越来越得到党中央的高度重视。

要培养出建设中国特色社会主义所需要的后备力量,必须毫不动摇地坚持社会主义办学方向。对教育工作者来说,必须把培养社会主义建设者和接班人作为根本任务,培养一代又一代拥护中国共产党领导和我国社会主义制度、立志为中国特色社会主义奋斗终身的有用人才。发展教育是否坚持社会主义的方向,事关中国特色社会主义的前途命运。这个政治方向把握住了,中国特色社会主义事业的发展就会后继有人、永葆活力;而一旦背离正确的政治方向,我们就有走上"封闭僵化的老路"和"改旗易帜的邪路"的风险。

2. 实现中华民族伟大复兴的现实需要

因为创造过辉煌,"复兴"这个词对我们这个民族具有意义;因为经历过苦难,我们这个民族对"复兴"有非常深切的渴望。中华民族具有悠久的历史,创造了灿烂的中华文明,为人类的文

---

① 邓小平. 邓小平文选: 第3卷 [M]. 北京: 人民出版社, 1993: 306.

明进步做出过巨大的贡献，在世界民族之林中占有一席之地。鸦片战争后，由于西方列强的侵略和清王朝封建统治的衰败，中国一步步沦为半殖民地半封建社会，中国人民遭受了严重的屈辱和苦难。

习近平总书记指出："实现中华民族伟大复兴，就是中华民族近代以来最伟大的梦想。"① 为了实现这个伟大梦想，无数仁人志士抛头颅、洒热血，进行了艰苦的探索和不屈不挠的斗争。然而，历史表明，无论是旧式的农民起义还是软弱的资产阶级革命，都不可能完成反帝反封建、拯救民族危亡的历史任务。直到中国共产党登上历史舞台，中华民族才迎来了浴火重生的曙光。从此，中国人民谋求民族独立、国家富强和人民幸福的斗争就有了"主心骨"，整个民族的精神状态就由被动转为主动。

实现中华民族伟大复兴，必须坚持党的领导。中国共产党自诞生的那一刻起，就把实现共产主义作为最高理想和最终目标，义无反顾地担负起实现中华民族伟大复兴的历史使命。在100年波澜壮阔的历史中，无论是弱小还是强大，无论处在逆境还是顺境，中国共产党都不忘初心，牢记使命，团结带领人民历经千难万险，付出巨大牺牲，敢于正视困难，攻克了无数难关，创造了一个又一个人间奇迹。在新的历史时期，我们党团结带领人民进行改革开放新的伟大革命，破除阻碍国家和民族发展的一切思想和体制障碍，充分调动广大人民群众的主动性、积极性和创造性，极大地解放和发展了生产力，激发了社会发展的创新活力，使中华民族焕发出新的蓬勃生机。

实现中华民族伟大复兴，必须建立符合我国国情的先进社会

---

① 中共中央宣传部. 习近平总书记系列重要讲话读本［M］. 北京：学习出版社，2016：5.

制度。新中国成立后，中国共产党领导人民完成社会主义革命，确立了社会主义基本制度，推进了社会主义建设，完成了中华民族有史以来最为广泛而深刻的社会变革，为当代中国的持续发展进步奠定了政治前提和制度基础。在新的历史起点上，我们党高举中国特色社会主义伟大旗帜，更加自觉地增强中国特色社会主义自信，不懈探索和认知中国特色社会主义发展规律，保持政治定力，始终坚持和发展中国特色社会主义。中国特色社会主义，是实现中华民族伟大复兴的必由之路。

"现在，我们比历史上任何时期都更接近实现中华民族伟大复兴的目标，比历史上任何时期都更有信心、更有能力实现这个目标。"[1] 中国特色社会主义建设进入新时代，中华民族伟大复兴也迎来了光明的前景。在 2013 年同各界优秀青年代表座谈时的讲话中，习近平总书记语重心长地告诫广大青年："行百里者半九十。距离实现中华民族伟大复兴的目标越近，我们越不能懈怠，越要加倍努力，越要动员广大青年为之奋斗。"[2]

青年是国家和民族的未来。今日的青年，是明日社会的中坚力量。实现中华民族的伟大复兴，关键在青年，希望在青年。2014 年 5 月 4 日，习近平总书记在北京大学考察时指出，青年的价值取向决定了未来整个社会的价值取向，而青年又处在价值观形成和确立的时期，抓好这一时期的价值观养成十分重要。这就像穿衣服扣扣子一样，如果第一粒扣子扣错了，剩余的扣子都会扣错。人生的扣子从一开始就要扣好[3]。这里，习近平总书记是用"扣扣子"打比方，说明青年时期世界观、人生观、价值观养成的重要性。

———————————

[1][2]　习近平 . 习近平谈治国理政［M］. 北京：外文出版社，2014：50.

[3]　习近平 . 青年要自觉践行社会主义核心价值观：在北京大学师生座谈会上的讲话［N］. 人民日报，2014－05－05（2）.

　　要动员广大青年为实现中华民族伟大复兴而奋斗，除了要用科学文化武装他们，还要注意关心他们的思想状况，提高他们的政治觉悟和政治定力，增强他们的政治敏锐性，教育他们热爱和拥护中国共产党，认同社会主义基本制度，树立"四个自信"，践行社会主义核心价值观。如果这些未来社会的主力军没有高度的政治觉悟，政治意识淡薄，社会发展就会偏离已经证明为正确的道路，中华民族的伟大复兴就无从谈起。在这个意义上，坚持社会主义办学方向，是实现中华民族伟大复兴的现实需要。只有坚持正确的政治方向，才能培养出一代又一代忠诚可靠的社会主义建设者和接班人，从而确保在正确的轨道上，不断接近民族复兴的伟大目标。

　　3. 应对意识形态挑战的现实需要

　　进入新时代的中国教育，机遇与挑战并存。一方面，我国的教育发展具有光明的前景。正如习近平总书记在北京大学师生座谈会上的讲话中指出的，"要把中国特色社会主义道路自信、理论自信、制度自信、文化自信转化为办好中国特色世界一流大学的自信"[①]。我国的教育和办学不仅应该自信，而且有理由自信。社会主义制度在集中资源、迅速提升教育方面显现出巨大的优势；马克思主义理论为解决教育发展面临的各种问题能够提供科学的指导；作为中国教育事业的领导核心，中国共产党坚持不懈地致力于发展中国特色社会主义的教育，目前正在推进的一流大学和一流学科建设为实现高等教育内涵式发展提供重要机遇；悠久灿烂的中华文明在教育方面积累了丰富的智慧和经验[②]。这些因素

---

　　① 习近平. 在北京大学师生座谈会上的讲话 [N]. 人民日报，2018 - 05 - 03 (2).
　　② 童世骏. 提升中国特色教育自信　建设社会主义教育强国 [J]. 清华大学教育研究，2018 (3)：7 - 9.

使我们有理由对办好中国特色社会主义的教育充满信心。

另一方面，我们也必须清醒认识到，处在新的历史方位的中国教育事业，面临复杂的办学环境，需要应对各种风险，尤其是意识形态领域的挑战。当前，尽管已经成为世界第二大经济体，但我国仍处于并将长期处于社会主义初级阶段这个基本国情没有改变。在经济、科技、教育等领域，我国与发达资本主义国家之间还存在不小的差距。不平衡不充分的发展，制约着人民日益增长的美好生活需要。人民群众反响强烈的教育不公问题越来越突出，严重影响社会稳定。在这个背景下，教育领域或多或少存在否定社会主义优越性、质疑马克思主义指导地位的思潮。

随着互联网技术的发展、经济全球化的推进和改革开放的进一步深入，国际性的学术交流不断加强。青少年学生可以通过各种渠道，接触了解西方哲学社会科学的各种思想和观点。这在一定程度上有利于拓展学生的视野，但如果不加引导的话，其中一些错误腐朽的思想观点就会对学生造成不良影响，削弱其对中国特色社会主义道路的接受度和认同感。近年来，新自由主义、历史虚无主义、民主社会主义等社会思潮甚嚣尘上，对我国的主流价值观构成了挑战。

在高校的一些学科中，学科建设理念、教材体系、教学内容的"西化"倾向一度比较严重，马克思主义被边缘化。一些学者将马克思主义视为"过时"的理论，而把西方理论不加批判地当作现代、科学的理论。他们在进行学术研究时，一味采取西方的概念、理论、模型和方法；在教育教学时，无原则地引入西方大学的培养方案和教学大纲。这些错误做法，严重背离了构建中国特色哲学社会科学的目标。

此外，国外某些敌对势力加紧对我国实施"和平演变"战略，他们把学校尤其是大学当作其思想渗透的主要场所，企图在这里寻找和培植反对共产党领导、颠覆社会主义制度的代理人。他们利用各种手段，想方设法向青年教师和学生传播资本主义的价值观和生活方式，挑战和冲击党和国家的主流意识形态。

以上种种情况表明，教育在意识形态领域面临一场"没有硝烟的战争"。而要打赢这场战争，我们必须毫不动摇、旗帜鲜明地坚持社会主义办学方向，把培养社会主义的建设者和接班人作为根本目标，更加强化党对教育工作的全面领导，更加突出马克思主义的指导地位。如果不坚持正确的政治方向，就意味着我们将要失去一块极其重要的意识形态阵地。在此意义上，坚持社会主义办学方向，是应对意识形态挑战的现实需要。

习近平总书记指出："马克思主义是我们立党立国的根本指导思想，也是我国大学最鲜亮的底色。"① 确立马克思主义的指导地位，是历史和人民的选择。马克思主义是我国教育改革发展的旗帜和灵魂。社会主义教育必须坚持以马克思主义为指导。没有马克思主义的指导，我们的教育就会失去灵魂、失去方向。坚持马克思主义的指导地位，必须做到真懂真信真用。只有深刻理解马克思主义，才能真正信仰马克思主义，才能增强识别能力，更好抵御各种错误思潮。坚持马克思主义的指导，最终要落实到怎么用上来。要站在马克思主义的立场上，把马克思主义运用于我国教育重大理论和实践问题的研究中去，切实提出解决问题的思路和方法。

坚持马克思主义的指导地位，必须坚持用马克思主义理论教育学生，为学生成长奠定科学思想基础。教育领域应该成为研究

---

① 习近平. 在北京大学师生座谈会上的讲话［N］. 人民日报，2018-05-03（2）.

和宣传马克思主义的重要阵地，唱响马克思主义主旋律。尤其是高校，要发挥人才和科研优势，建设好马克思主义学院和马克思主义理论学科。要立足于中国特色社会主义新时代，深入回答理论和现实问题，推动21世纪马克思主义和当代中国马克思主义的发展。要注意加强马克思主义研究后备力量的培养，特别是培养一批立场坚定、功底扎实的青年学者。要按照习近平总书记的要求，抓好马克思主义理论教育。各学科专业、不同学段的学生都要学习马克思主义理论，掌握科学的世界观和方法论。坚持不懈用马克思主义中国化最新理论成果武装师生头脑。要推动习近平新时代中国特色社会主义思想进教材、进课堂、进头脑。要结合不同学段学生的特点，引导广大师生深入系统学习，做到融会贯通、知行合一。不断深化对这一思想的理论品格和实践价值的认识，并将其转化为清醒的理论自觉、坚定的政治信念和科学的思维方法。

综上所述，从理论、历史、现实这三个维度来看，"坚持社会主义办学方向"论断都有深刻的依据。坚持社会主义办学方向，具有唯物史观的理论基础，是对中国共产党人开展教育工作的历史经验总结，也是应对和解决现实问题的客观需要。习近平总书记关于"坚持社会主义办学方向"的重要论断，正确回答了教育工作的方向性、根本性问题，为做好新时代教育工作提供了根本遵循和行动指南。

教育必须为人民服务

教育必须为人民服务是中国共产党执政的内在要求。中国共产党的根本宗旨是全心全意为人民服务。中国共产党执政的核心理念是执政为民。这就决定了中国共产党执政、发展教育必然是为人民服务的。教育必须为人民服务是马克思主义教育观的核心观点和共产党教育方针的不变主题，也是办好新时代人民满意教育的必然要求。推动教育必须为人民服务，就必须使教育事业成为为人民服务的先行者，加大教育优先保障力度，推进教育发展超前规划；就必须使教育事业成为为人民服务的担当者，深化教育领域全面改革，建设人民满意教师队伍，查处教育违法违纪问题。

## 一、教育必须为人民服务是中国共产党执政的内在要求

人民性是马克思主义最鲜明的品格。人民立场是中国共产党最根本的政治立场。以马克思主义为指导的中国共产党，始终坚持人民立场这一根本政治立场，把实现好、维护好、发展好最广大人民的根本利益作为一切工作的出发点和落脚点。因此，这就决定了中国共产党的教育理论和实践必然是围绕着最广大人民的根本利益而展开的，也必然是服务于人民的。

1. 这是中国共产党践行宗旨的自觉行动

中国共产党的初心和使命就是要为民族谋复兴、为人民谋幸福。这一初心和使命彰显了中国共产党建党、立党的宗旨，即全

心全意为人民服务。中国共产党的初心与使命以及建党、立党的宗旨表明中国共产党是立党为公而不是立党为私。正因为中国共产党是立党为公、毫无私利的先进政党，所以才能做到全心全意为人民服务。建党以来，中国共产党始终固守根本宗旨，不忘初心和使命，团结带领广大人民群众取得了革命、建设和改革的巨大成就，极大地改变了中国人民和中华民族的命运，也以自己的担当、作为、奉献赢得了广大人民群众的拥护和支持，改变了自身的命运。在牢记、追求和实现中国共产党初心的过程中，中国共产党深深认识到，实现党的初心、完成党的目标，根本力量在于人民，因此必须依靠人民、造福人民，要"坚持不忘初心、继续前进，就要坚信党的根基在人民、党的力量在人民，坚持一切为了人民、一切依靠人民，充分发挥广大人民群众积极性、主动性、创造性，不断把为人民造福事业推向前进"①。所以可以看到，党的十八大以来，以习近平同志为核心的党中央对人民充满感情，对群众工作，对加强党同人民群众的血肉联系等进行了一系列重要论述。比如，习近平总书记强调人民对美好生活的向往就是中国共产党的奋斗目标，要充分尊重人民的主体地位，"全党同志要把人民放在心中最高位置，坚持全心全意为人民服务的根本宗旨，实现好、维护好、发展好最广大人民根本利益，把人民拥护不拥护、赞成不赞成、高兴不高兴、答应不答应作为衡量一切工作得失的根本标准，使我们党始终拥有不竭的力量源泉"②。

教育是涉及千家万户切身利益的重大民生问题，是满足人民

① 习近平．决胜全面建成小康社会 夺取新时代中国特色社会主义伟大胜利：在中国共产党第十九次全国代表大会上的报告［N］．人民日报，2017－10－28（1）．

② 习近平．在庆祝中国共产党成立95周年大会上的讲话［N］．人民日报，2016－07－02（2）．

群众美好生活需要的重要途径和方式，也是实现中华民族伟大复兴的基础性工程。中国共产党一直十分重视教育工作，特别是在新中国成立以后，对其有一系列重要论述，并为推进这一工作付出了长期艰辛的努力。就党的十八大以来来看，早在 2012 年，习近平在十八届中共中央政治局常委同中外记者见面时指出："我们的人民热爱生活，期盼有更好的教育、更稳定的工作、更满意的收入、更可靠的社会保障、更高水平的医疗卫生服务、更舒适的居住条件、更优美的环境，期盼孩子们能成长得更好、工作得更好、生活得更好。人民对美好生活的向往，就是我们的奋斗目标。"① 2016 年 9 月他在学习《胡锦涛文选》报告会上又强调："我们要坚持以人民为中心的发展思想，抓住人民最关心最直接最现实的利益问题，不断实现好、维护好、发展好最广大人民根本利益，努力使全体人民学有所教、劳有所得、病有所医、老有所养、住有所居。"② 党的十九大提出："人民是历史的创造者，是决定党和国家前途命运的根本力量。必须坚持人民主体地位，坚持立党为公、执政为民，践行全心全意为人民服务的根本宗旨，把党的群众路线贯彻到治国理政全部活动之中，把人民对美好生活的向往作为奋斗目标，依靠人民创造历史伟业。""必须把教育事业放在优先位置，加快教育现代化，办好人民满意的教育。"③ 可以看出，出于对党宗旨的践行，对党初心和使命的牢记与担当，以习近平同志为核心的党中央积极主张坚持以人民为中心发展教育，办好人民满意的教育。

———————

① 习近平. 人民对美好生活的向往就是我们的奋斗目标 [N]. 人民日报，2012 - 11 - 16 (4).

② 习近平. 在学习《胡锦涛文选》报告会上的讲话 [N]. 人民日报，2016 - 09 - 30 (2).

③ 习近平. 决胜全面建成小康社会　夺取新时代中国特色社会主义伟大胜利：在中国共产党第十九次全国代表大会上的报告 [N]. 人民日报，2017 - 10 - 28 (1).

从党的十八大以来国务院政府工作报告可以看出，党和政府在坚持教育为人民服务、争取办好人民满意教育方面，采取了一系列实实在在的行动。比如，李克强总理在 2014 年政府工作报告中指出，2013 年政府在推动教育发展方面所做的工作主要有：启动教育扶贫工程，实施农村义务教育薄弱学校改造计划，学生营养改善计划惠及 3 200 万孩子。对集中连片特困地区乡村教师发放生活补助，贫困地区农村学生上重点高校人数比上年增长 8.5％。他在 2015 年政府工作报告中指出，2014 年政府在推动教育发展方面做出了一些努力，继续促进教育公平：加强贫困地区义务教育薄弱学校建设，提高家庭经济困难学生资助水平，国家助学贷款资助标准大幅上调。中等职业学校免学费补助政策扩大到三年。实行义务教育免试就近入学政策，28 个省份实现了农民工随迁子女在流入地参加高考。贫困地区农村学生上重点高校人数连续两年增长 10％以上。经过努力，全国财政性教育经费支出占国内生产总值比例超过 4％。他在 2016 年政府工作报告中指出，2015 年政府在推动教育发展方面取得一些进展：加快改善贫困地区义务教育薄弱学校办学条件，深化中小学教师职称制度改革，重点高校招收贫困地区农村学生人数又增长 10.5％。他在 2017 年政府工作报告中指出，2016 年政府在推动教育发展方面所做的主要工作包括：财政性教育经费支出占国内生产总值比例继续超过 4％。重点高校招收贫困地区农村学生人数增长 21.3％。免除农村贫困家庭学生普通高中学杂费。全年资助各类学校家庭困难学生 8 400多万人次。他在 2018 年政府工作报告中指出，2017 年政府在推动教育发展方面取得了一些新进展：坚持教育优先发展，财政性教育经费占国内生产总值比例持续超过 4％。改善农村义务教育薄弱学校办学条件，提高乡村教师待遇，营养改善计划惠及 3 600

多万农村学生。启动世界一流大学和一流学科建设。重点高校专项招收农村和贫困地区学生人数由 1 万增加到 10 万。加大对各类学校家庭困难学生资助力度，4.3 亿人次受益。劳动年龄人口平均受教育年限提高到 10.5 年。

2. 这是马克思主义教育观的核心观点

党的十六大明确将"为人民服务"写入党的教育方针。此前，党的教育方针尽管没有明确写入这一点，但事实上，中国共产党在领导教育实践发展中一直在奉行着这一方针。马克思主义经典作家有关教育的论述中也一直蕴含着教育必须为人民服务的观点。

人的自由全面发展是马克思毕生追求的崇高理想，是马克思主义的核心价值理念，是判断人类进步的根本标尺，也是整个马克思主义理论体系及其实践指向的终极目标。马克思、恩格斯深刻揭露了资本主义私有制的真相，批判了资本奴役劳动、资产阶级剥削劳动人民并使之丧失主体地位的根源所在。在此基础上，他们认为，要实现人民的主体地位，就必须大力发展生产力，实现人民的经济解放，消灭资本主义私有制，使无产阶级掌握政权并实现对生产资料的占有，最终进入共产主义社会。在共产主义低级阶段，"尽管这个时期在所有制上实行了公有制，人民成为社会和国家的主人，主体地位逐步确立，但社会生产力发展水平有限，劳动依然是人们谋生的基本方式，社会分工还未真正根除，个体之间发展依旧不平衡。这意味着在共产主义低级阶段，人在社会中因主观因素和客观环境等多重影响，不同的人之间主体地位的状况有所差异。虽然共产主义低级阶段制约人民主体形成的因素依旧存在，但总体而言，人民的主体地位基本确立起来"[①]。

---

① 熊治东. 马克思人民主体思想及其当代价值：兼论习近平新时代"以人民为中心"思想的马克思主义之源 [J]. 河南大学学报（社会科学版），2019 (1)：23.

在共产主义高级阶段，生产力的高度发展使社会分工走向瓦解，人与人发展的差异也随之走向消亡，人民的主体地位得到确证，人的自由全面发展得以实现。当然，马克思也指出，在人类社会发展的这一进程和趋势中，教育同智育、体育及生产劳动的结合是十分必要的，因为它"不仅是提高社会生产的一种方法，而且是造就全面发展的人的唯一方法"①。

在人类社会历史发展进程中，有两个绕不开的根本话题：一个是人类历史发展依靠谁，这一话题关注的核心问题是人类社会历史发展的动力问题；一个是人类社会历史发展为了谁，这一话题关注的核心问题是人类社会历史发展的服务对象问题。马克思、恩格斯批判了那种认为历史是由个别或少数杰出人物创造和主宰的英雄史观，他们基于历史唯物主义的观点，高度肯定了广大人民群众在历史发展中的决定性作用，提出人民群众也只有人民群众才是历史的推动者、创造者。这一观点为无产阶级在思想上解放自己、开展无产阶级革命提供了思想武器，增添了理论自信。需要指出，马克思、恩格斯所提出的"人民"是一个阶级概念。马克思、恩格斯认为，从事劳动生产的劳动阶级属于人民，就资本主义社会来说，"真正的人民即无产者、小农和城市贫民"②。而随着资本主义的发展，阶级对立将走向简单化，整个资本主义社会分裂为两大对立阶级——资产阶级和无产阶级，这也就是说，在资本主义社会完全分化为两大直接对立阶级时，人民指的是无产阶级。而消灭资本主义社会，最终进入共产主义社会，就需要无产阶级推翻资产阶级的统治，并经过无产阶级专政及其采取的

---

① 马克思，恩格斯. 马克思恩格斯全集：第 43 卷［M］. 2 版. 北京：人民出版社，2016：510.

② 马克思，恩格斯. 马克思恩格斯全集：第 4 卷［M］. 北京：人民出版社，1958：220.

一系列重要措施最终过渡到共产主义。马克思、恩格斯在《共产党宣言》中指出了无产阶级这一运动的伟大意义："过去一切阶级在争得统治之后，总是使整个社会服从于它们发财致富的条件，企图以此来巩固它们已经获得的生活地位。""过去的一切运动都是少数人的或者为少数人谋利益的运动。无产阶级的运动是绝大多数人的、为绝大多数人谋利益的独立的运动。无产阶级，现今社会的最下层，如果不炸毁构成官方社会的整个上层，就不能抬起头来，挺起胸来。"① 马克思、恩格斯的这一阐述蕴含着一个道理，即过去的阶级统治实际上都是服务于统治阶级利益的，由于在无产阶级取得统治之前的阶级统治都是少数人的统治，而教育又属于上层建筑的范畴，因此，这也就表明，在无产阶级取得统治之前的阶级社会，教育都是服务于居于统治地位的少数人，而无产阶级专政的建立实现了大多数人的统治，因此，这也就意味着，在无产阶级取得统治之后，教育也将实现为绝大多数人服务。

中国共产党人将马克思、恩格斯有关教育论述的重要观点和精神同中国具体实际相结合，不断丰富和发展着马克思主义教育观，这其中就包含教育为人民服务的观点。早在新民主主义革命时期，毛泽东就对旧教育体制掌握在少数人手里、服务于极少数人的状况表示不满。中央革命根据地时期，毛泽东在第二次全国苏维埃代表大会的报告中指出："谁都知道，国民党统治下一切文化教育机关，是操在地主资产阶级手里的。他们的教育政策，是一方面实行反动的武断宣传，以消灭被压迫阶级的革命思想，一方面施行愚民政策，将工农群众排除于教育之外。"② 反过来看，

① 马克思，恩格斯.马克思恩格斯选集：第1卷 [M].2版.北京：人民出版社，1995：283.
② 江西省档案馆，中共江西省委党校党史教研室.中央革命根据地史料选编：下册 [M].南昌：江西人民出版社，1982：328.

中央根据地的"一切文化教育机关是操在工农劳苦群众的手里，工农及其子女有享受教育的优先权。苏维埃政府用一切方法来提高工农的文化水平。为了这个目的，给予群众政治上与物质条件上的一切可能的帮助"①。新中国成立后，中国共产党废除了旧的教学体制，加强了对教育工作的领导，使教育服务于党的中心工作，造福于广大人民群众。面对新中国成立后人民群众文化程度普遍偏低及其对人民政权巩固、国家建设以及社会主义改造产生的不利影响的问题，毛泽东倡导通过创办夜校、扫盲班、自修大学等途径为广大工农群众提供教育机会，推动扫盲工作，提高人民群众的文化教育水平。他要求文化教育机关行动起来，在党的领导下开展农村扫盲，普及教育，使之适应农村社会主义建设。1958 年《中共中央国务院关于教育工作的指示》要求："全国应在三年到五年的时间内，基本上完成扫除文盲、普及小学教育、农业合作社社社有中学和使学龄前儿童大多数都能入托儿所和幼儿园的任务。应当大力发展中等教育和高等教育，争取在十五年左右的时间内，基本上做到使全国青年和成年，凡是有条件的和自愿的，都可以受到高等教育。"② 这一在"大跃进"背景下制定的教育工作指示尽管存在脱离中国教育发展实际的问题，但也反映了此时的共产党人、广大人民群众希望迅速改变中国教育发展落后面貌、促进教育发展、享受良好教育条件的美好愿望。

　　与马克思、恩格斯一样，毛泽东也很重视教育与生产劳动的结合。1939 年他为抗大开展大生产运动的题词就是"教育应与生

① 江西省档案馆，中共江西省委党校党史教研室.中央革命根据地史料选编：下册［M］.南昌：江西人民出版社，1982：329.
② 中共中央文献研究室.建国以来重要文献选编：第 11 册［M］.北京：中央文献出版社，1995：498.

产劳动相结合"。新中国成立后他也一直强调教育与生产劳动的结合。1958 年经毛泽东审阅批准的《中共中央 国务院关于教育工作的指示》也明确要求："党的教育工作方针，是教育为无产阶级的政治服务，教育与生产劳动结合"①。

邓小平在坚持毛泽东教育观的基础上提出了一些新的教育观点。邓小平提出了教育"三个面向"的重要命题，其中一个"面向"是教育要面向现代化。他指出，"我们要实现现代化，关键是科学技术要能上去，发展科学技术，不抓教育不行。靠空讲不能实现现代化，必须有知识，有人才。没有知识，没有人才，怎么上得去？""抓科技必须同时抓教育。从小学抓起，一直到中学、大学"②。在邓小平看来，科学技术是第一生产力，要推动生产力的发展，实现现代化，就必须要推动科学技术的发展，而要推动生产力发展就必须要发展教育。在这个意义上，长远地看，教育也是推动生产力发展、实现人自身现代化的重要目的和工作。邓小平曾充满信心地指出："一个十亿人口的大国，教育搞上去了，人才资源的巨大优势是任何国家比不了的。有了人才优势，再加上先进的社会主义制度，我们的目标就有把握达到。"③ 为此，邓小平提出了教育优先发展的观点。邓小平在坚持毛泽东教育同生产劳动相结合的观点基础上开始思考在改革开放新形势下如何推动教育与生产劳动相结合的问题，他指出："现代经济和技术的迅速发展，要求教育质量和教育效率的迅速提高，要求我们在教育与生产劳动结合的内容上、方法上不断有新的发展。"④ 此外，邓

① 中共中央文献研究室. 建国以来重要文献选编：第 11 册 [M]. 北京：中央文献出版社，1995：416.

② 邓小平. 邓小平文选：第 2 卷 [M]. 2 版. 北京：人民出版社，1994：40.

③ 邓小平. 邓小平文选：第 3 卷 [M]. 北京：人民出版社，1993：120.

④ 同②107.

小平还提出了培养"四有"新人的命题，强调教育要培养有理想、有道德、有文化、有纪律的现代公民。

以江泽民同志为核心的党中央不仅明确强调将教育放在优先发展的战略地位，还提出了"科教兴国"战略，并且明确将为人民服务写入党全面贯彻的教育方针。江泽民指出："我们建设有中国特色社会主义的各项事业，我们进行的一切工作，既要着眼于人民现实的物质文化生活需要，同时又要着眼于促进人民素质的提高，也就是要努力促进人的全面发展。这是马克思主义关于建设社会主义新社会的本质要求。"[①] 这里他明确提出教育要促进人民素质提高，努力促进人的全面发展。"江泽民首次把提高国民素质作为教育的根本宗旨。这是江泽民教育方针思想的精髓所在。在我国，国民素质普遍较低已成为影响和制约经济发展和社会进步的一个瓶颈问题，要从根本上解决这个问题还得靠教育。教育的繁荣与发展，必然促进经济发展和社会进步。因此，把提高国民素质作为教育的根本宗旨并写入教育方针，是对教育精髓的深刻揭示和对教育社会价值的深刻定位。"[②] 另外，江泽民还特别重视教育与生产劳动、社会实践的结合，强调引导广大青年学生积极参与社会实践，将所学知识与社会实践相结合，做到知行合一，不断成长自我。

2006年，胡锦涛指出："教育涉及千家万户，惠及子孙后代，是体现发展为了人民、发展依靠人民、发展成果由人民共享的重要方面。保证人民享有接受教育的机会，是党和政府义不容辞的职责，也是促进社会公平正义、构建社会主义和谐社会的客观要求。"[③]

---

① 江泽民. 江泽民文选：第3卷 [M]. 北京：人民出版社，2006：294.
② 张志刚，邱金英. 与时俱进：面向新世纪的大教育观：江泽民教育思想体系研究 [J]. 黑龙江高教研究，2002（6）：1-4.
③ 胡锦涛. 坚持把教育摆在优先发展战略地位 努力办好让人民群众满意的教育 [N]. 人民日报，2006-08-31（1）.

他同时提出党和政府的重要任务之一是要办好让人民群众满意的教育。2007 年他在党的十七大上又强调要"办好人民满意的教育"。职业教育是面向人人的教育，对于服务社会、解决就业、推动经济社会发展具有重要现实意义。以胡锦涛同志为总书记的党中央高度重视职业教育，强调把职业教育放在更加突出的位置，将人口压力转化为人力资源优势，以更好地推动经济社会发展，造福于国家与社会。

进入新时代，以习近平同志为核心的党中央多次明确要求教育必须为人民服务。2014 年习近平在北京大学师生座谈会上勉励大学生："要勤于学习、敏于求知，注重把所学知识内化于心，形成自己的见解，既要专攻博览，又要关心国家、关心人民、关心世界，学会担当社会责任。……要立志报效祖国、服务人民，这是大德，养大德者方可成大业。"① 同年，在与北京师范大学师生代表座谈时，他指出，新中国成立 65 年来，党和国家高度重视教育事业，建成了世界最大规模的教育体系，保障了亿万人民群众受教育的权利，极大地提高了全民族素质，有力地推动了经济社会发展。我们的教育是为人民服务、为中国特色社会主义服务、为改革开放和社会主义现代化建设服务的。他要求："广大教师要始终同党和人民站在一起，自觉做中国特色社会主义的坚定信仰者和忠实实践者，忠诚于党和人民的教育事业，自觉把党的教育方针贯彻到教学管理工作全过程，严肃认真对待自己的职责。……积极引导学生热爱祖国、热爱人民、热爱中国共产党。"② 2018 年

---

① 习近平. 青年要自觉践行社会主义核心价值观：在北京大学师生座谈会上的讲话 [N]. 人民日报，2014 - 05 - 05（2）.

② 习近平. 做党和人民满意的好老师：同北京师范大学师生代表座谈时的讲话 [N]. 人民日报，2014 - 09 - 10（2）.

他在全国教育大会上指出，十八大以来，在教育方面人民群众获得感明显增强，要坚持以人民为中心发展教育，使教育发展同人民群众期待相契合。

### 3. 这是中国共产党教育方针的不变主题

如上文所述，教育是属于上层建筑的重要部分，而执政党是上层建筑中最核心的内容。政党总是代表着一个或几个阶级阶层利益的。执政党的性质决定了教育的性质，也决定了教育为哪一个或哪几个阶级阶层利益服务。为了能够更好地为自己所代表的阶级阶层服务，执政的政党总是会制定符合自己阶级阶层利益的教育方针。

中国共产党在局部执政时期就已事实上将教育为人民服务列为必须坚持的教育方针。1931年全国苏维埃代表大会通过的《中华苏维埃共和国宪法大纲》指出："中国苏维埃政权以保证工农劳苦民众有受教育的权利为目的。在进行阶级战争许可的范围内，应开始施行完全免费的普及教育，首先应在青年劳动群众中施行，并保障青年劳动群众的一切权利，积极地引导他们参加政治的和文化的革命生活，以发展新的社会力量。"[①] 可以看出，《中华苏维埃共和国宪法大纲》明确了苏维埃政权的教育是为工农劳苦民众服务的，这里的工农劳苦民众在当时被理解为人民。需要指出，人民既是一个政治概念，也是一个历史范畴。人民在政治学概念中是与"敌人"相对的。在不同历史阶段，不同阶级及其政党对于"人民"的理解是不同的。比如，对中国共产党而言，在土地革命战争时期，反对蒋介石集团专制独裁统治的工农劳苦大众都属于人民；在抗日战争时期，国内一切愿意同中国共产党积极抗

---

① 厦门大学法律系，福建省档案馆. 中华苏维埃共和国法律文件选编 [M]. 南昌：江西人民出版社，1984：8.

日、争取民主的各阶级阶层人士都属于人民；在解放战争时期，一切拥护、支持、参与推翻国民党一党专制统治的各阶级阶层人士都属于人民，当然，其领导力量是工人阶级，主要力量是工农联盟；在社会主义建设时期，一切赞成、拥护和参加社会主义建设事业的各阶级阶层人士都属于人民的范畴。

1940 年毛泽东在著名的《新民主主义革命》中指出："这种新民主主义的文化是大众的，因而即是民主的。它应为全民族中百分之九十以上的工农劳苦民众服务，并逐渐成为他们的文化。要把教育革命干部的知识和教育革命大众的知识在程度上互相区别又互相联结起来，把提高和普及互相区别又互相联结起来。"①这就明确了新民主主义革命时期中国共产党领导开展的教育是新民主主义性质的，新民主主义教育就是为占全民族 90％以上的工农劳苦民众服务的，因此它是民主的，是为人民服务的教育。1949 年中国人民政治协商会议第一届全体会议通过的具有宪法性质的《中国人民政治协商会议共同纲领》第五章"文化教育政策"中规定："中华人民共和国的文化教育为新民主主义的，即民族的、科学的、大众的文化教育。人民政府的文化教育工作，应以提高人民文化水平，培养国家建设人才，肃清封建的、买办的、法西斯主义的思想，发展为人民服务的思想为主要任务。"这就更加明确了新民主主义教育就是为广大人民群众服务的教育。在此基础上，1949 年底新中国成立后的第一次全国教育工作会议进一步提出，建设中华人民共和国的新教育是一个长期的奋斗过程，"这种新教育是民族的、科学的、大众的教育，其方法是理论与实际一致，其目的是为人民服务，首先为工农兵服务，为当前的革

---

① 毛泽东. 毛泽东选集：第 2 卷［M］. 2 版. 北京：人民出版社，1991：708.

命斗争与建设服务"①。

进入社会主义探索时期，1957 年毛泽东在《关于正确处理人民内部矛盾的问题》中指出："我们的教育方针，应该使受教育者在德育、智育、体育几方面都得到发展，成为有社会主义觉悟的有文化的劳动者。"② 1958 年《中共中央国务院关于教育工作的指示》提出："党的教育工作方针，是教育为无产阶级的政治服务，教育与生产劳动结合；为了实现这个方针，教育工作必须由党来领导。没有党的领导，社会主义的教育是不能设想的。教育是改造旧社会和建设新社会的强有力的工具之一。教育工作必须在党的领导之下，才能很好地为社会主义革命和社会主义建设服务，为消灭一切剥削阶级和一切剥削制度的残余服务，为建设消灭城市与乡村的差别和消灭脑力劳动与体力劳动的差别的共产主义社会服务。"③

进入改革开放新时期，邓小平指出："绝大多数教职员工热爱党热爱社会主义，勤勤恳恳地为社会主义教育事业服务，为民族、为国家、为无产阶级立了很大功劳。为人民服务的教育工作者是崇高的革命的劳动者。"④ 2002 年在党的十六大上，江泽民指出："教育是发展科学技术和培养人才的基础，在现代化建设中具有先导性全局性作用，必须摆在优先发展的战略地位。全面贯彻党的教育方针，坚持教育为社会主义现代化建设服务，为人民服务，与生产劳动和社会实践相结合，培养德智体美全面发展的社会主义建设者和接班人"⑤。2010 年胡锦涛在全国教育工作会议上指

① 中共中央文献研究室．建国以来重要文献选编：第 1 册［M］．北京：中央文献出版社，1992：87.

② 毛泽东．毛泽东文集：第 7 卷［M］．北京：人民出版社，1999：226.

③ 中共中央文献研究室．建国以来重要文献选编：第 11 册［M］．北京：中央文献出版社，1995：490－491.

④ 邓小平．邓小平文选：第 2 卷［M］．2 版．北京：人民出版社，1994：109.

⑤ 江泽民．江泽民文选：第 3 卷［M］．北京：人民出版社，2006：560.

出："要全面贯彻党的教育方针，坚持教育为社会主义现代化建设服务，为人民服务，与生产劳动和社会实践相结合，培养德智体美全面发展的社会主义建设者和接班人。"①

进入中国特色社会主义新时代，2016 年习近平在全国高校思想政治工作会议上强调："我国高等教育发展方向要同我国发展的现实目标和未来方向紧密联系在一起，为人民服务，为中国共产党治国理政服务，为巩固和发展中国特色社会主义制度服务，为改革开放和社会主义现代化建设服务。"② 2018 年习近平在全国教育大会上强调，在党的坚强领导下，全面贯彻党的教育方针，以凝聚人心、完善人格、开发人力、培育人才、造福人民为工作目标，培养德智体美劳全面发展的社会主义建设者和接班人，加快推进教育现代化，建设教育强国，办好人民满意的教育。2019 年习近平主持召开学校思想政治理论课教师座谈会时指出："新时代贯彻党的教育方针，要坚持马克思主义指导地位，贯彻新时代中国特色社会主义思想，坚持社会主义办学方向，落实立德树人的根本任务，坚持教育为人民服务、为中国共产党治国理政服务、为巩固和发展中国特色社会主义制度服务、为改革开放和社会主义现代化建设服务，扎根中国大地办教育，同生产劳动和社会实践相结合，加快推进教育现代化、建设教育强国、办好人民满意的教育，努力培养担当民族复兴大任的时代新人，培养德智体美劳全面发展的社会主义建设者和接班人。"③

可以看出，民主革命时期，以为人民服务为根本宗旨的中国共产党在阐述自己执政的教育方针和目的时就已提出了教育为人

① 胡锦涛. 胡锦涛文选：第 3 卷［M］. 北京：人民出版社，2016：418.
② 习近平. 习近平谈治国理政：第 2 卷［M］. 北京：外文出版社，2017：376.
③ 习近平. 习近平谈治国理政：第 3 卷［M］. 北京：外文出版社，2020：328.

民服务的观点，尽管在很长一段时间内中国共产党并未直接将其写入党的教育方针，但党的领导人有关教育方针和目的的阐述都事实上包含了教育必须为人民服务的观点。

4. 这是新时代办好人民满意教育的必然要求

在中国共产党的领导下，新中国成立以来特别改革开放以来，中国教育事业得到了不断发展和长足进步，不过也要看到，我国是一个民族众多、人口众多、领土辽阔的大国，同时也是一个现代化建设不断取得进步但又发展不平衡的发展中国家。当前，人民群众日益增长的美好教育生活需要同教育发展尚不能满足这种需要的矛盾依然突出，这些矛盾在现实中就通过我国教育发展中的一系列问题表现出来。

当前我国教育存在发展不平衡不充分的问题。一是区域、城乡、学校之间都存在发展不平衡不充分的问题。在不同区域之间，从全国范围看，沿海发达地区的教育发展总体上要好于中西部不发达地区；而就同一区域来看，即便是同一区域，区块不同，教育发展有时也会存在差距。在城乡之间，由于城乡发展差距的存在，整体上看，我国城市教育发展要好于农村。一些在城市务工或条件稍好的农村家庭都在努力将孩子送往城市求学，这也导致大量农村学校面临生源不足的困境，纷纷关停并转，而且即便是并转之后，一些学校也面临招生难的问题。由于这些学校前途未知，所以它们的师资配备、开设课程、教学设施供应等方面都或多或少地存在一些问题。即便是在同一个城市的同一类型学校，受多重因素影响，它们之间的发展也是很不平衡的。这也是导致城市出现择校难、择校贵问题的重要症结所在。二是人民群众日益增多的个性化、多元化的教育需求同我国教育难以满足这种需求之间存在着矛盾。随着经济社会的发展，人民群众对教育的需求也变得多元化。一方面，每位求学中的孩子都有自己的个性，由此提出了多样化的教育需求，"'有学上'之后，'上好学'成为全社会的普遍心态、迫切需要，对学校、教师、专业、课程的选择性越来越强，要求越来越高"①。另一方面，社会中不同群体提升自我的需要也对教育提出了多样化的需求。不同职业的人们在工作生活中出于提升自我的需要，也对继续教育提出了多样化的需求。总体上看，目前我国教育在满足个性化、多元化需求方面还存在很大差距。因此，如何尽可能地满足多元化、个性化的教育需求成为当前我国教育面临的一个现实问题。三是教育的结构性矛盾问题仍然存在。"人才培养类型结构、学科专业结构和知识能力结构还不能完全满足经济社会转型升级的要求，存量升级、增量优化、余量消减的任务还很重，有效的方法还不多，工作的力度还不够，各项调控政策之间的衔接配套还有待加强。"② 四是片面追求升学、忽视学生全面发展的问题仍然比较突出。通过教育传授知识、智慧、做人的道理十分重要，但良好品德养成、健康体魄的锻炼、社会实践的了解同样不可或缺。国家和人民需要的是德智体美劳全面发展的社会主义事业建设者和接班人。但是，现在我国中小学教育普遍存在片面追求升学率、搞题海战术、学生课业负担沉重等问题，这种过度强调知识传授和应试技术掌握的教育，与教育的目的和宗旨完全背道而驰，也不是人民群众真心喜欢的教育。

当前教育评价还存在一些不合理之处。其中，最主要的是"唯分数、唯升学、唯文凭、唯论文、唯帽子"的"五唯"问题。

---

① 陈宝生. 办好中国特色社会主义教育以优异成绩迎接党的十九大胜利召开：2017 年全国教育工作会议工作报告 [J]. 中国高等教育，2017（Z1）：4-14.

② 陈宝生. 在全国教育工作会议上的讲话 [J]. 中国高等教育，2018（5）：7-16.

"五唯"问题的存在也使当前教育功利化倾向严重。长期以来，"唯分数、唯升学"问题比较突出，一些地方教育行政部门过于强调升学率，因为升学率直接关系到其政绩；学校更是关注分数、关注升学率，因为学生分数、升学率直接关系到教育主管部门、学生家长对学校的评价，也关系到学校自身发展和学校教师待遇；学生家长关注分数、关注升学率，一些家长片面地认为，学生考取高分、考上名校就意味着人生的成功。应该说，在应试体制下，关注分数、关注升学率，是必然的，也是可以理解的，但是仅把分数和升学率作为教育追求的唯一目标，显然是有失偏颇的。"唯文凭、唯论文、唯帽子"的问题在大中小学都有，当然在高校，这一问题较为严重。国家已经开始注意到这一问题，并采取了诸多措施加以纠正，当然由于这一问题是在历史发展中形成的，涉及主体、利益众多，加之新的评价体系尚在探索构建之中，所以要真正解决还需要一些时日。

教育治理离人民的期待还有距离。现在各种检查、考核、比赛、评估层出不穷。"上面千条线，下面一根针"，所有的工作最后都要具体落实到每一位具体的教职员工身上。在繁忙的教学科研任务之外，教师还要承担不少与科研教学无关的事务，而且这些事务有时又被纳入绩效管理，不得不完成。当然，需要指出，这其中有些检查、考核、比赛、评估还是十分必要的，但也有一些存在工作内容交叉重叠、形式主义的问题。目前党和政府也在开始着手治理这些问题。面向高校，五部门出台了关于高等教育领域"放管服"改革的文件，一些地方也在积极贯彻落实，下放给高校不少具有含金量的权力，比如薪酬分配、职称评审等，但是也有一些地方将"放管服"变为"管卡压"，在放权过程中打折扣，搞政策截留，这也使治理的效果大打折扣。在 2019 年全国教育大会上，陈宝生部长特别提到，"要把为教师减负作为一件大事来抓，教育部将专门出台中小学教师减负政策。要全面清理和规范进学校的各类检查、考核、评比活动，实行目录清单制度，未列入清单或未经批准的不准开展，要把教师从'表叔''表哥'中解脱出来，更不能随意给学校和教师搞摊派。要把时间和精力还给教师，让他们静下心来研究教学、备课充电、提高专业化水平"①。

师德师风问题时有发生。比如，一些教师思想政治观念淡薄，不讲政治，不讲原则，雷人言语频出，甚至公然诋毁党和政府，听信并散布各种流言蜚语；高校学术造假、学术不端行为时有曝出；一些教师利用教师身份想方设法以教谋私，向学生索取财物；有些教师行为失范，思想道德滑坡甚至道德败坏，作风不检点；等等。

继续教育发展存在难题。随着经济社会的发展，人们对教育的需求层次逐步增高，迈出校门的学子们在社会中需要不断学习新的知识，退休的老年人希望老有所学、老有所乐，年轻的家长们希望孩子能接受优质的早期教育，为谋生存的成年人需要习得一技之长。而这些单凭学校教育是难以完成的，它要求在提高各级各类教育普及程度的基础上，拓展社会教育，推进继续教育发展。但在这方面，我国教育确实存在很大不足。教育部陈宝生部长指出，"在我国各类教育中，继续教育还属于薄弱环节，如期实现现代化的任务还很艰巨。很多普通高校和职业院校在服务学习型社会建设上存在缺位，开展培训特别是服务企业的优势还没有充分发挥，理念、资源、机制和规范管理都存在短板"②。我国继续教育发展存在不足的原因有以下几点：一是相关政策出台缓慢、缺乏法制保障。"在政策层面上缺乏整体和远景规划，致使继续教

①② 陈宝生．落实　落实　再落实：在 2019 年全国教育工作会议上的讲话［J］．人民教育，2019（Z1）：6 - 16．

育法、终身学习条例等继续教育总政策长时间处于教育部的规划、调研、立法准备阶段，难以进入全国人大常委会的审议阶段。2012年2月，教育部会同有关部门向社会发布《关于加快发展继续教育的若干意见》（征求意见稿），然而，一些地方政府出台了终身教育条例或终身学习促进条例，然而，国家层面的终身教育条例或终身学习促进条例也一直迟迟未能出台。"[①] 二是这一问题涉及部门众多，利益瓜葛不少，容易扯皮。三是地方缺乏推进的积极性。这是因为，多年来，我国每年都有大量的全日制大中专毕业生走向社会，对于政府而言，本身就存在需要帮助这些学子解决就业的问题，而要再发展继续教育就势必会影响全日制大中专毕业生的就业，不仅如此，政府发展继续教育也就意味着更大的教育投入，所以，在这种情况下，地方政府发展继续教育的动力大大减弱了。而事实上，当前中国又确实需要发展继续教育，一些弱势群体掌握生存技能、成年公民继续学习发展、终身学习体系的构建都需要继续教育的支撑。

以人民为中心发展教育，满足人民日益增长的美好教育生活需要，办好人民满意的教育，要求中国共产党和政府真正落实教育优先发展战略，推动教育事业真正服务于民。

## 二、教育事业应成为为人民服务的先行者

1. 加大教育优先保障力度

落实教育投入责任。从2012年至今国家财政性教育经费支出占国内生产总值的比重一直保持在4%以上，这是十分不容易的。

---

① 董玉霞. 继续教育政策：成就、问题与建议：基于《国家中长期教育改革和发展规划纲要（2010—2020年）》实施十年的思考 [J]. 当代继续教育，2019（4）：23 - 28.

不过，在地方上，受经济状况、领导干部重视程度等多重因素影响，一些地方财政性教育投入并未积极跟进。因此要落实财政性教育经费法定增长的要求，以建立健全各级教育生均拨款制度为抓手，推动财政性教育投入稳定增长的机制，保证教育财政的拨款增速高于财政经常性收入增速，使财政性支出总额中的教育经费占比稳步提高。把教育财政投入执行情况纳入国家教育督导的范围，加强对经费使用的全程监督检查并将执行情况与教育转移支付、招生计划等工作相挂钩，依法依规严厉查处违规违法使用经费问题，保证资金的合理使用，使其真正用在"刀刃"上。同时，优化资金来源结构，既保证教育财政投入的逐年增长，同时也要通过相应的政策增加社会投入。积极调动社会资本投入教育，鼓励引导社会资本投入民办教育，并落实其分类管理和财政支持政策。另外，在经费分配上，应加大对民族地区、边疆地区、贫困地区和革命老区的投入，并向基础教育、职业教育倾斜，向贫困学生、乡村教师倾斜。在加大财政投入的同时，要加强对经费使用绩效的评价。在经费保障上，要特别注意从实际出发，量力而行，尽力而为，不做脱离财力、难以兑现的虚头承诺，不做违背教育发展规律、超越发展阶段的错误决策。

加快教育信息化步伐。2018 年 4 月教育部正式印发了《教育信息化 2.0 行动计划》。应按照《教育信息化 2.0 行动计划》制定的目标，加快落实推进这一计划。有三个方面需要注意："一是要在教育信息化 2.0 时代有效培养青少年的核心素养；二是要在教育信息化 2.0 时代大规模实施中国特色创客教育体系；三是要在教育信息化 2.0 时代广泛倡导中国式翻转课堂。"[①] 加快教育信息

---

① 何克抗. 如何贯彻落实《教育信息化 2.0 行动计划》的远大目标［J］. 开放教育研究，2018（5）：11—22.

化步伐要求推进"智慧校园"的建设。智慧型的学习环境能够为不同的学习者提供不同的学习服务，做到学习物理环境与虚拟环境的融合。在这方面，要注重信息综合服务平台建设。"建设信息综合服务平台，对于管理者而言，可以通过基本的数据统计、监控系统，构建学校大数据库，时刻把握教学动态，提高教学管理者的决策能力和水平，加强学校内部治理；对于学校师生来说，可以通过就业信息化平台建设为学生提供就业信息，同时，根据市场需要优化课程和专业设置，通过校园文化平台的建设，以丰富的形式加强对学生的思想政治教育，弘扬优秀传统文化，传播外来先进文化，促进文化的交流和融合。"① 同时要注意加强优质教育资源的应用。加强教育资源共享服务体系建设，建构多校区优质教育资源共享、区域优质教育资源共享以及全国优质教育资源共享三层级教育资源共享服务体系。推动优质数字资源开发，推进线上线下相结合的课程共享，并完善相关制度保障措施，在推进教育信息化过程中，加强政府、教育机构、教师以及学生等多元化主体参与，尊重群众表达诉求。在信息技术基础设施配置上，要适当向中西部地区、农村地区政策倾斜，加大对其支持力度，推动教育信息化区域平衡发展。

加快构建优秀人才终身从教机制。只有优秀的人从教才可能培养出优秀的人。但现实的情况是，不少优秀的人并不乐意从事教育，特别不愿意到偏远贫困落后地区从事教育。一份基于南京四所高校大学生职业选择现状的调查显示，大学生在就业选择上，从经济利益出发不愿去贫困或偏远地区。"理想工作单位排名前三的单位分别是国企、高校、科研单位，选择更加务实化。"② 收入

---

① 姚志敏. 以教育信息化带动教育现代化 [J]. 中国高等教育，2018 (20)：52-54.
② 龙文蓉. 当代大学生职业选择现状调查分析：以南京四所高校为例 [J]. 西部素质教育，2017 (21).

不高是造成不少毕业生不愿意从教的重要原因。另外，尽管近几年国家也在稳步改善乡村教师待遇，乡村教师收入有所提高，但受城乡差距、资源配备不均衡等多重因素影响，乡村教师也还面临着其他一系列现实难题，比如子女难以接受优质教育的问题、自己和亲人遭遇大病时面临看病难问题等等。所以，这些现实问题也使很多大学毕业生不太愿意到偏远贫困地区工作。政府可以在短时间内通过增加投入提高教师待遇，但是城乡差距导致的一些问题在短时间内是难以解决的。要让优秀的人才终身从教，既要保证他们的收入，在物质上为他们提供体面的生活，也要及时倾听、关心他们的心声，帮助解决他们生活中面临的多种困难，如住房、医疗、子女就学等，还要在全社会营造一种尊师重教的氛围，加强正面舆论引导，严厉打击侵害教师的行为，同时还要对大学生开展正确的人生观、价值观教育，在师范生入口把关、教师资格证考试把关上，注重选拔一些优秀大学生。

2. 完善公共教育服务体系

推动学前教育普惠健康发展。长期以来，"入园难""入园贵"成为广大人民群众普遍关注和反映较为强烈的民生问题。群众利益无小事。党和国家对此高度重视。2017年教育部等四部门出台了《关于实施第三期学前教育行动计划的意见》（简称《意见》）。经过前几期的行动，目前"入园难"问题已基本得到解决。但是，学前教育仍然是当前我国教育发展中最为薄弱的环节。尽管"入园难"的问题基本解决，但是学前教育存在普惠性教育资源明显不足、教学质量参差不齐、教师素质不高等问题。在广大农村地区，学前教育现状更是令人担忧，在城市一些私立幼儿园学费高昂。为解决这些问题，党的十八届五中全会提出"发展学前教育，鼓励普惠性幼儿园发展"的要求。为贯彻落实党的十八届五中全会提出的要求，切实推动《意见》落实，推进学前普惠性教育发展，当前需要：一是坚持政府主导，加大政府投入，积极创办公办幼儿园，同时鼓励社会力量举办幼儿园，扶持普惠性民办幼儿园。二是提升保教质量，尊重幼儿身心发展规律和学习特点，坚决纠正幼儿园"小学化"错误偏向，建立健全幼儿园质量评估体系，建立健全办园行为常态监测机制，依法推进办园建设，加强对薄弱幼儿园的指导。三是完善学前教育合理收费机制，"各地要按照非义务教育成本分担的要求，建立起与管理体制相适应的生均拨款、收费、资助一体化的学前教育经费投入机制，保障幼儿园正常运转和稳定发展。根据幼儿园可持续发展需要和当地实际，逐步制定公办园生均拨款标准和普惠性民办园的补助标准。进一步健全资助制度，确保建档立卡等家庭经济困难幼儿优先获得资助。根据经济发展状况、办园成本和家庭经济承受能力，对公办幼儿园的保教费收费标准进行调整"①。

加大对困难地区和群体的扶持。一是深入实施中西部高等教育振兴计划，推进中西部高校综合实力提升工程与基础能力建设工程，加大对口支援西部高校的力度，增强中西部高校的"造血"功能，切实提升办学水平和质量。同时，继续实施支援中西部地区招生协作计划、农村和贫困地区定向招生专项计划、职业教育东西协作行动计划，保证中西部地区高考录取率，做好重点大学面向农村贫困地区定向招生的工作。二是进一步解决农民工随迁子女入学、升学问题，依法保障随迁子女接受义务教育的权利，简化随迁子女入学流程，并出台完善随迁子女就地参加高考政策，并为符合条件的随迁子女提供平等的录取机会。同时，对于留守

---

① 教育部等四部门关于实施第三期学前教育行动计划的意见［J］. 基础教育参考，2017 (11).

儿童特别是对于父母与子女两地分离的留守儿童要给予更多的关心、帮助和救助，在扶贫工作中要注意困难学子的精准聚焦，保证每一位困难学子不因家庭经济困难而辍学。三是继续实施并改善农村义务教育学生营养改善计划，保证贫困地区的孩子们能够吃饱吃好。

推进城乡义务教育一体化建设。推动农村教育与乡村振兴战略的融合，全面加强乡村小规模学校和乡镇寄宿制学校建设，消除超大班额制，针对重点地区和重点学段义务教育阶段的辍学高发问题开展精准控辍保学。推动学校规范办学，开展义务教育优质均衡发展督导评估的认定工作，以及中小学素质教育督导评估和中小学校管理评价工作。此外，下大力气解决校外培训机构混乱的问题，探索建立校外教育培训机构负面清单制度及联合监管的制度，推动校外教育培训机构规范化建设。推动城乡义务教育一体化发展，重点在加强师资、改善管理、办出特色、提高质量等方面下功夫，加快缩小与城市、相对发达区域教育发展的差距。

争取普及高中阶段教育。党的十九大提出高中阶段教育要实现普及。普及高中阶段教育对于广大落后地区来讲还存在一定难度，比如教育资源短缺、学校运转困难、大班额比例较高等都制约了这一目标的实现。这就要求加大落后地区高中教育的投入，改善高中办学条件。同时，高中教育应注重多样化发展，不断丰富课程体系，办出特色，并结合一部分学生毕业即就业的实际有针对性地开展生涯指导教育。

提升特殊教育水平。当前，我国还有一部分群体不能像正常人那样接受正常的国家学校教育。对于这一群体，党和政府给予了关注和帮助。但是，与现实的需求相比，这些关注和帮助还是不够的。为全面贯彻党中央、国务院关于办好特殊教育的要求，2017年教育部等七部门印发了《第二期特殊教育提升计划（2017—2020年）》的通知。各地应积极贯彻落实这一通知，不断加大投入，改进制度，健全特殊教育体系，提升特殊教育水平，增强特殊教育的保障能力。

3. 推进教育发展超前规划

在经济社会发展规划上优先考虑教育。党中央高度重视教育，明确提出了教育优先发展战略，教育要做到优先发展就首先要在经济社会发展规划中体现其优先地位。这就要求各级党委政府在谋划、制定经济社会发展规划时将教育工作摆在优先发展位置，突出其地位，也要保证教育优先发展体现在经济社会发展的过程之中。

在超前规划上多下功夫。各地应研究制定区域内推进教育现代化、推进教育优先发展的规划，在制定高质量教育发展规划的同时将本区域教育发展规划与国家、地方教育发展规划结合起来考虑，推动教育进入国家和地方发展规划。对此，陈宝生部长在2019年全国教育工作会议上指出："要加强部省协作，推进以'四点一线一面'为战略重点的教育现代化区域创新试验。要将教育融入国家重大发展战略，进入京津冀一体化发展、粤港澳大湾区、长江经济带、'一带一路'建设、乡村振兴、推动高质量发展、建设现代经济体系、东北振兴等重大规划，把教育部分研究透，写好写实。各级教育部门要主动推动地方在制定实施经济社会发展总体规划和区域发展、产业发展、城市建设、重大生产力布局等规划时，统筹考虑、优先安排教育，特别是在资金投入、用地、学校布局、园区建设、教育基础设施、专业设置、人才需求、教师编制等方面超前部署。在规划这个问题上，大家一定要第一时间行动起来。"①

## 三、教育事业应成为为人民服务的担当者

### 1. 深化教育领域全面改革

推进"放管服"改革。以问题为导向，深化教育领域"放管服"改革，做好"减法"。目前五部门深化高等教育领域"放管服"改革的政策已制定颁布，关键在落实。需要指出的是，由于放权涉及多个部门，涉及多方面深层次问题，因此也需要相关部门制定实施细则、出台配套措施，确保权力下放之后，能够接得住，管得好。同时，应完善教育法律制度，加大教育法律供给力度，整合教育综合执法机制，配强配齐教育执法力量，用好巡视利剑，改进监管措施，确保下放的权力得到合法有效的运用。推动教育领域人民满意服务型政府建设，加快教育领域政务服务信息化建设，推广"最多跑一次改革"，为教师和学校提供便捷服务。

推进招生制度改革。在高考方面，推进高考考试内容改革，改进对普通高中学生的综合素质评价，建立完善省级综合素质评价工作电子化管理平台，建立诚信和公开的机制，保证综合素质评价材料真实有用。推进选课走班，方便学生选学选考。加快推行高职分类考试。在中考方面，健全初中学业水平考试与综合素质评价制度，注重考查学生真正的分析解决问题的能力，规范中招考试加分。在研究生招生方面，统筹推进全日制、非全日制研究生教育管理，坚持两种研究生教育同一质量标准，积极推动单

---

① 陈宝生. 落实 落实 再落实：在 2019 年全国教育工作会议上的讲话［J］. 人民教育，2019（Z1）：6-16.

证纳入双证考试的招生改革，推进博士生考试招生"申请-考核"和"分流淘汰"机制，加强对博士研究生科研创新能力的考核，提升选拔质量。

推进教育评价改革。"唯分数、唯升学、唯文凭、唯论文、唯帽子"的"五唯"问题是当前教育评价指挥棒方面存在的根本问题，也是当前教育评价改革中的"硬骨头"。教育评价中存在的"五唯"问题的形成有其历史原因。教育评价完全"五唯"，弊端不少，也很不合理，但在现实情况下，完全不看分数，不追求升学率，不看重文凭、论文和"帽子"，也不现实。因此，如何在"唯"与"不唯"之间找到平衡，制定科学合理的、能够为多方所接受的教育评价制度体系，成为当前我国教育评价改革面临的一项紧迫且重要的任务。在推进教育评价改革过程中，要特别注重吸纳广泛的群众意见，这是制定好人民群众满意的教育评价制度体系、办好人民满意的教育的基本要求和应有之义。

推动继续教育和民办教育改革。推进继续教育需要多方协同、稳妥推进。一方面需要持续做好高等学历继续教育专业建设工作，制订高校规范管理的相关措施，改进高等教育自学考试工作，同时推动开展大学建设和发展。另一方面需要做好非学历继续教育，根据老年教育、农民工"求学圆梦行动"、个性发展需求等多方面、个性化的学习需求，调动多方资源，开展形式多样的教育，比如社区教育、老年教育、网络教育等，让教育需求者都能接受教育，接受更好的教育，努力实现人人可以学、随时可以学、哪里都可以学的局面，真正做到全民教育、终身教育，让全体中国人民都能享受到更好更公平的教育。另一方面支持和规范民办教育分类发展。"进一步理顺政府与学校关系，加快建立民办学校分类管理制度，在法人登记制度、产权制度、资产和财务管理制度、会计核算和审计制度等方面加快完善管理服务体系，鼓励社会力量和民间资本提供多样化教育服务。"① 针对营利性和非营利性民办院校采取不同扶持政策，制定民办院校党建工作意见，发挥党组织在民办院校办校治校中的作用，注重民办院校师生权益的保障，总结民办教育发展经验和现实问题并采取相应的对策措施。

构建以学习者为中心的人才培养模式。现代教育的重要特征，就是要面向学习者个性化、多样化的学习和发展需求，因材施教，促进学习者释放潜能。要深化基础教育教学改革，改变被动传授、机械训练、简单重复的课堂教学，积极探索新课改理念多样化、行之有效的实现形式。通过小班化教学、选修走班等多种方式，创造条件和机会，让拔尖创新人才脱颖而出。"英才教育对于国家发展具有重要战略意义，要建立早期发现、跟踪培养特殊通道，完善跳级、转学等具体管理制度，通过因材施教发展每一个学生的优势潜能。要紧跟产业变革，强化工学结合培养模式，让企业直接参与到人才培养全过程。通过共建校内外实训基地、引厂入校等，让'学校建在企业中，教室建在工厂里'。总结推广现代学徒制，明确学徒双重身份，形成校企联合招生、联合培养长效机制，真正实现校企一体化育人。"② 要尊重学生自主选择，推进高校学分制改革，探索建立与学分制相适应的课程设置、学籍管理、质量监控、考核评价等教学管理制度。加强英才培养，深入实施"拔尖计划"、"科教结合协同育人计划"和系列卓越人才计划，全面推广协同育人有效模式。

---

① 以新的发展理念为引领　全面提高全国教育质量　加快推进教育现代化：袁贵仁部长在 2016 年全国教育工作会议上的讲话 [J]. 人民教育，2016（Z1）：8-21.

② 陈宝生. 办好中国特色社会主义教育以优异成绩迎接党的十九大胜利召开：2017 年全国教育工作会议工作报告 [J]. 中国高等教育，2017（Z1）：4-14.

做好教育对外开放工作。一是不断改善出国留学服务，围绕国家发展需求制定合理选派计划，更好发挥政府公派留学对高层次人才培养的重要作用，加强对经费的合理使用，加强对公派留学生群体的合理管理，通过多种形式鼓励留学生学成报国，回报家乡，不断提高留学效益。二是打造"留学中国"品牌，制定国际国家层面来华留学教育标准，出台《学校招收和培养国际学生管理办法》，关注当前群众反映比较强烈的留学生问题，切实回应人民关切，建立健全留学生管理制度，健全留学生资助体系，启动来华留学人才培养质量保障体系建设，吸引更多优质生源来华留学。三是发展中外合作办学。对接"双一流"建设，抓紧修订《中外合作办学条例》及其实施办法，支持国内高校紧跟世界科技前沿，围绕薄弱、空白、紧缺学科专业建设，同国外一流大学展开高水平合作办学，把质量高、符合需要的资源"引进来"，形成一批高水平示范性的中外合作办学机构和项目，从而发挥中外合作办学的辐射带动作用，同时完善评估认证办法，强化退出机制，形成高效可靠的中外合作办学质量保障和监督体系。

2. 建设人民满意教师队伍

抓好师德师风。一是加强师德教育。认真对照《教师法》以及其他法律有关师德师风的规定，按照新时代党中央关于教师队伍师德师风建设的基本要求，加强教师社会主义核心价值观教育、理想信念教育、法治教育和心理健康教育，并将之贯穿于教师成长进步全过程，正面引导广大教师践行职业道德规范，牢固树立依法从教、廉洁从教、潜心育人的自觉意识，着力培养和提升教师师德素养。二是加强师德模范的宣传。严格把关教师先进典型评审，保证先进典型的真实性和示范性，大力宣传"师德标兵""优秀教师"等先进典型的事迹，在必要的情况下，可以创作一批人民群众喜闻乐见的影视和文艺作品以扩大教育典型事迹宣传的影响力，做好教育系统表彰工作，健全教师荣誉表彰制度，有力展现人民教师的高尚情操与良好精神风貌，以此带动广大教师，激发他们职业的认同感和幸福感，形成崇尚先进、争做先进的良好氛围。三是注重师德师风考核把关。严把教师队伍"入口"，在教师资格准入、招聘考核中要注重对师德的把关，分级分类开展师范类专业认证，以专业认证重塑师范体系，在教师入职时加强师德师风教育，真正做到在教师评价考核中将师德师风作为教师素质评价的第一标准。建立师德师风信用体系，推行师德考核负面清单制度，根据教师违反师德师风甚至是法律的具体情况，采取相应的惩戒措施，对于出现危害严重、影响恶劣师德师风问题的，要坚决清除出教师队伍，规范教师从教行为。建立健全师德师风考核评价体系，实施多方参与的教师综合测评考核，完善师德师风考核方式，避免考核评价的随意化、形式主义。为扎实推进师德师风建设，2018 年《中共中央 国务院关于全面深化新时代教师队伍建设改革的意见》颁布实施。为落实《意见》，教育部研究制定了《新时代高校教师职业行为十项准则》《新时代中小学教师职业行为十项准则》《新时代幼儿园教师职业行为十项准则》。三个《准则》为师德师风考核提供了依据，因此在师德师风考核评价中应严格贯彻执行这些准则。

提升教师素质能力。高等师范院校是培养教师的主阵地，应加大对其支持力度，不断提高公费师范生的比例，建设一批高水平教师教育基地。同时，支持一批高水平综合大学开展教师教育。各大学也应采取有效措施切实提高师范生培养质量。这其中重要方面是，优化课程设置，根据中小学教师的实际需求，"在课程编制中重构课程系统，突出文化基础，在教学中提高教学质量，深化师范生自主发展，在教育实习、见习中丰富学习资源，加强教育实践"①。对在岗教师进行培训是提高其能力的重要途径。在这方面，要注重综合利用最优教师培训师资和信息资源，运用现代信息技术，掌握最前沿的知识信息，提供相应培训，防止出现培训师资不如教师水平、培训走过场的情形。培训学习要具有针对性，考虑教师学历、专业、职务、岗位等方面的不同，考虑教师在教学实践及科学研究中存在的差异。高校应注重整体规划教师能力提升培养，加大与教育行政部门、教育培训部门的联系与沟通。拓展多元化的教师素质能力提升培训渠道，不断加大教师素质能力的投入和保障力度，赋予教师更大的自主权和主动权，使其能够随时随地利用自己零碎的时间在移动终端平台上进行学习，将学习形式、学习时间与学习地点等便利化、人性化，从而更好地促进教师自身发展。唤醒教师发展的潜能，激发广大教师积极学习的主动性，而不是被动地甚至是排斥地学习。统筹推进幼儿园、中小学、职校教师"国培计划"，启动中小学教师信息技术应用能力提升工程2.0，构建以校为本、基于课堂、应用驱动、注重创新、精准测评的教师信息素养发展新机制。做好校本培训，推动中小学与当地大学和相关教育科研单位的合作，为推进校本研修提供必要的专业与学术支持。

完善教师管理制度。在义务教育阶段，推进"县管校聘"管理改革，完善义务教育阶段校长教师交流轮岗制度。在这方面，政府部门应加强与学校、教师之间的沟通对话，明晰彼此的"责""权""利"，增强学校、教师的使命感，同时，实施科学的考核和有效的监督，引入社会评价，将社会评价与行政评价相结合。要

---

① 雷宏友.地方院校师范生核心素养培养的现实困境与必然出路［J］.陕西教育（高教），2019（3）：67-78.

通过必要的宣传让广大教职员工知晓，这样做不是为了掌控教师，而是为了提升教育公共服务质量、保持教师在区域内和学校间进行合理的流动。教师的流动要充分做到人性化，"尊重学校和教师的意愿，按照地域靠近、人岗相适、学校相近、专业接近原则科学调配和合理安排，实现利益相关者的多方共赢。通过对教师队伍的优化组合，保持流入、流出学校的教师在学科、职称、年龄、性别等方面的合理结构，形成本区域、高质量、动态平衡、结构合理的教师队伍，最大限度地发挥轮岗教师们的专业能力"①。对于流动的教师要有相应的承接政策，为其不断成长、发挥作用提供平台和条件。在高等教育阶段，重要的是建立高校教师分类管理制度。分类管理重要的是建立教师分类评价制度。教师评价制度对于教师履职具有重要导向和规范作用。"基于分类评价制度基础之上的教师岗位考核体系，就是引导教师履行岗位职责的尺，该做什么不该做什么、做什么能够获得更优异的评价，对教师而言就是一个软约束。基于分类评价制度基础之上的教师职务职称评聘体系，更是引导教师职业发展的指挥棒，达到了什么样的条件做出了什么样的业绩，更容易得到及时的职务职称晋升，优异教师可以在履职过程中做出符合自身能力的规划和努力。分类评价不仅有利于变革现行僵化的教师管理模式，更有利于使每个教师人尽其才、量体裁衣选择职业发展方向，激发教师的教学科研活力。"② 同时，推进考核、聘用、职称晋升等多方面的衔接。在教师聘用上，可以将教师岗位分为科研主导型、教学主导型以及

---

① 操太圣，卢乃桂．"县管校聘"模式下的轮岗教师管理审思［J］．教育研究，2018（2）：58－63．

② 韩影．创新教师管理制度推进高等教育内涵式发展［J］．现代教育管理，2018（7）：68－72．

教学科研并重型等，科学设置岗位，根据岗位择人，形成多元化的用人格局。

3. 查处教育违法违纪问题

查处高考冒名顶替事件。高考冒名顶替不仅践踏了高考公平，侵害了考生合法权益，也破坏了教育公正。事实上，从媒体曝出的情况看，这些冒名顶替事件背后还存在一个"作恶"的利益链条，一些高中高校教师涉入其中，甚至一些户籍民警、领导干部也涉入其中。对于高考冒名顶替事件一定要严厉惩处，不仅严查冒名顶替者，还须严惩背后的利益"黑手"，与此同时应做好被冒名顶替者的安抚和救济工作，可以考虑采取一些措施给予这些学子读书的机会，此外今后要大力推进诚信、阳光、公平招生，强化高中学籍管理、严查考生身份信息、开辟网上查询通道、严格入学资格复验、强化信息公开，完善全链条管理责任体系。

严惩教育系统腐败。这几年教育领域腐败事件被频频爆出。学校基建、招生就业、财务管理、职称、人事、科研经费等方面成为滋生腐败的重要环节。党的十八大以来，以习近平同志为核心的党中央强调腐败零容忍，对教育系统的贪腐行为进行严厉查处。加强教育领域腐败防治，首先要构建教育系统的不想腐机制。加强对教育工作者的思想教育，发挥领导干部在廉洁从政、廉洁从教中的带头作用，加强警示教育，推动"四有好老师"队伍建设，提升教职工思想觉悟。其次要构建教育系统的不能腐机制。"加快制度建设，编制'不能腐'的制度笼子。作为教育工作者，不管是中高层领导干部，还是普通教师都有较高的学历，他们涉嫌腐败不是不懂法、不懂规矩，而是心存侥幸专找制度漏洞。国家加大教育发展支持力度的同时，还要做好相关配套制度的顶层设计。各学校要办好学的同时，也要注重相关细化制度的制定落实工作。从而编制'不能腐'的制度笼子，制度环环相扣，不给任何人腐败的空隙和机会。健全的制度是防腐的良方。"① 最后要构建教育系统的不敢腐机制。加大查办力度，有腐必查，做到腐败零容忍，形成伸手必被捉的氛围，使人不敢腐败。

严处师德师风问题。党和国家高度重视师德师风问题。习近平总书记在北京大学师生座谈会上的讲话指出："评价教师队伍素质的第一标准应该是师德师风。师德师风建设应该是每一所学校常抓不懈的工作，既要有严格制度规定，也要有日常教育督导。我们的教师队伍师德师风总体是好的，绝大多数老师都敬重学问、关爱学生、严于律己、为人师表，受到学生尊敬和爱戴。同时，也要看到教师队伍中存在的一些问题。对出现的问题，我们要高度重视，认真解决。"② 同时，他也在全国教育大会上明确要求对教师队伍中存在的问题要坚决依法依纪予以严惩。对师德师风问题进行依法依纪严厉惩处是推动教师担负起教育为人民服务的必然要求。当然，惩处不是目的。更重要的还是重在平时，经常性地加强师德师风建设。一是重视经常性加强师德师风宣传教育，重在平时，久久为功；二是每个学校有必要建立专门的师德师风工作领导小组，设立师德师风建设办公室，每位教师都要建立个人师德师风档案；三是重视师德师风考评，制定合理的考评制度，并做好考评结果的运用。

---

① 海娜仁. 论教育领域腐败的特点、原因及治理思路 [J]. 内蒙古教育，2020 (5).
② 习近平. 在北京大学师生座谈会上的讲话 [N]. 2018－05－03 (2).

教育必须为中国共产党

治国理政服务

2016 年，习近平总书记在全国高校思想政治工作会议上提出，我国高等教育要"为人民服务，为中国共产党治国理政服务，为巩固和发展中国特色社会主义制度服务，为改革开放和社会主义现代化建设服务"①。2019 年 3 月，在学校思想政治理论课教师座谈会上，习近平总书记再次强调了教育"四为"方针，并将其从高等教育扩展到各个层次的学校教育②。新时代教育"四为"方针提出了"教育必须为中国共产党治国理政服务"的重要命题，为中国特色社会主义新时代教育事业改革发展提出了新要求新使命。

## 一、教育事业的重要使命是服务于党的治国理政

教育必须为中国共产党治国理政服务，这是由党的领导地位和执政地位决定的，也是我国教育事业政治性和党性的体现。党的领导是中国特色社会主义教育事业的内在基因和鲜明标识，更是办好社会主义教育的根本保证和最大优势。在中国特色社会主义新时代，中国共产党面临带领全国人民实现中华民族伟大复兴的历史使命，为中国共产党治国理政服务是我国教育事业的重要使命和神圣职责。

1. 这是由党的领导和执政地位决定的

习近平总书记强调："中国最大的国情就是中国共产党的领

① 习近平在全国高校思想政治工作会议上强调　把思想政治工作贯穿教育教学全过程　开创我国高等教育事业发展新局面 [N]. 人民日报，2016-12-09 (1).
② 习近平主持召开学校思想政治理论课教师座谈会强调　用新时代中国特色社会主义思想铸魂育人　贯彻党的教育方针　落实立德树人根本任务 [N]. 人民日报，2019-03-19 (1).

导。什么是中国特色？这就是中国特色。"① 党的十九届四中全会进一步明确指出，"中国共产党领导是中国特色社会主义最本质的特征，是中国特色社会主义制度的最大优势，党是最高政治领导力量"，"党政军民学、东西南北中，党是领导一切的"②。在当代中国，中国共产党在国家治理体系中居于核心地位，既是领导党又是执政党。中国共产党的领导和执政地位是在党带领全国各族人民长期革命斗争的历史进程中逐步形成的，并且在百年来中华民族从站起来、富起来到强起来的伟大飞跃的历史进程中不断得到证明和确认。中国共产党的领导和执政地位是由党的先进性决定的。中国共产党的先进性来源于党的性质、宗旨和使命。中国共产党是中国工人阶级的先锋队，同时也是中国人民和中华民族的先锋队，是中国特色社会主义事业的领导核心，代表中国先进生产力的发展要求，代表中国先进文化的前进方向，代表中国最广大人民的根本利益。中国共产党是全心全意为人民服务的政党，党的初心和使命，就是为中国人民谋幸福，为中华民族谋复兴。

坚持党对一切工作的领导，把党的领导落实到国家治理各领域各方面各环节，就必然要求坚持党对教育事业的全面领导。习近平总书记在全国教育大会上的讲话总结了党的十八大以来我国教育改革发展的新理念新思想新观点，其中首要的一条，就是"坚持党对教育事业的全面领导"③。这就为新时期发展我国教育事业提供了基本遵循。

第一，坚持党的领导是中国特色社会主义教育事业的内在基

———————

① 习近平. 中国共产党领导是中国特色社会主义最本质的特征 [J]. 求是，2020 (14).

② 中共中央关于坚持和完善中国特色社会主义制度 推进国家治理体系和治理能力现代化若干重大问题的决定 [N]. 人民日报，2019-11-06 (1).

③ 习近平在全国教育大会上强调 坚持中国特色社会主义教育发展道路 培养德智体美劳全面发展的社会主义建设者和接班人 [N]. 人民日报，2018-09-11 (1).

因和鲜明标识。我国是中国共产党领导的社会主义国家，我国的教育是中国共产党领导的社会主义教育。教育发展的根本前提是坚持党的领导，只有坚持和加强党对教育工作的全面领导，才能保证我国教育事业的社会主义方向。我国教育的根本任务是为中国工人阶级的先锋队、中国人民和中华民族的先锋队服务，各级各类学校的共同使命在于培养一代又一代拥护中国共产党领导、拥护中国特色社会主义制度的建设者和接班人。教育必须为党的治国理政服务，才能不断巩固和加强党对社会主义事业的领导地位。

第二，坚持党的领导是办好社会主义教育的根本保证。办好中国的事情，关键在党；办好中国的教育，关键在党，"加强党对教育工作的全面领导，是办好教育的根本保证"①。历史经验表明，凡是党牢牢掌握教育工作领导权的时期，教育就能保持平稳健康发展，培养社会主义建设者和接班人的目标就能顺利实现；反之，教育就会出现动荡混乱，人才培养目标无法实现，非但不能为社会主义现代化建设的事业服务，还会给这项事业带来损失。在中国特色社会主义新时代，我国要建设教育强国，首要前提和根本保证仍然是坚持党对教育事业的全面领导。只有坚持党的领导，才能确保我国教育的指导思想、教育方针、目标任务符合时代要求，确保办学方向始终与党和国家事业发展同频共振、方向一致。

第三，坚持党的领导是办好社会主义教育的最大优势。新中国成立70多年来，中国在一穷二白的基础上建成了世界最大规模的教育体系，保障了亿万人民群众受教育的权利，教育事业实现

① 习近平在全国教育大会上强调　坚持中国特色社会主义教育发展道路　培养德智体美劳全面发展的社会主义建设者和接班人〔N〕. 人民日报, 2018-09-11 (1).

了历史性飞跃；改革开放40多年来，我国义务教育全面普及，高等教育走向大众化教育，支撑中国成为世界第二大经济体，教育现代化实现了跨越式发展；党的十八大以来，我国教育事业取得全面进步，教育现代化加速推进，教育总体发展水平进入世界中上行列，向教育强国迈出坚实的步伐。历史和现实均已证明，我国社会主义教育事业之所以能够不断发展进步，最根本的就是坚持党对教育事业的全面领导，全面贯彻党的教育方针。

2. 这是教育的政治性和党性的体现

唯物史观认为，教育属于上层建筑的重要部分，植根于特定的经济基础，服务于所处的社会形态、社会文化和社会制度，这就是说，教育从来就是具有政治性和阶级性的，是服务于统治阶级的工具。政党同样属于上层建筑的重要部分，总是代表着特定阶级阶层利益，而执政党则是上层建筑最核心的内容。执政党的性质决定了教育的性质，即决定了教育为哪一个或哪几个阶级阶层利益服务。为了更好地为自己所代表的阶级阶层服务，执政的政党总是会制定符合自己阶级阶层利益的教育方针。由于执政党是统治阶级的集中代表，为执政党服务是教育阶级性的集中体现，正如马克思、恩格斯在《共产党宣言》中指出的，资本主义国家的教育是"由社会通过学校等等进行的直接的或间接的干涉决定的"，而"共产党人并没有发明社会对教育的作用；他们仅仅是要改变这种作用的性质"①。

我国教育事业的阶级性和党性决定了教育必须为党培养人。习近平总书记指出："我们党立志于中华民族千秋伟业，必须培养一代又一代拥护中国共产党领导和我国社会主义制度、立志为中

---

① 马克思，恩格斯. 马克思恩格斯文集：第2卷［M］. 北京：人民出版社，2009：49.

国特色社会主义事业奋斗终身的有用人才。在这个根本问题上，必须旗帜鲜明、毫不含糊。"① 这就明确了我国教育的根本性质、根本任务和发展目标，为我国教育改革和办学治校提供了基本遵循。教育是国之大计、党之大计，在"培养什么样的人、怎样培养人、为谁培养人"这个根本问题上，必须旗帜鲜明、毫不含糊。我国的教育是党领导下的教育，学校是党领导下的学校，为党治国理政服务是我国教育事业的重要使命，也是教育事业义不容辞的责任担当。

为党培养人，与为人民培养人，为巩固和发展中国特色社会主义制度培养人，为改革开放和社会主义现代化建设培养人，这四个方面是内在统一、相互促进、相辅相成的。

首先，为党培养人与为人民培养人在本质上是一致的。中国共产党是以人民为中心、全心全意为人民服务的政党，党的性质和宗旨体现了党性和人民性高度统一。党的十九大对人民做出了庄重承诺，就是"永远把人民对美好生活的向往作为奋斗目标"②。在中国特色社会主义新时代，我们党坚持把教育摆在优先地位，发展人民满意的教育，为人民培养出优秀的人才，是以人民为中心、为人民创造美好生活的具体体现，教育事业为人民服务也是践行党的宗旨的自觉行动。

其次，为党培养人是巩固和发展中国特色社会主义制度的根本保证。为党培养人，是坚持社会主义办学方向的客观要求。社会主义制度是我国的根本制度，党的领导是中国特色社会主义最

---

① 习近平主持召开学校思想政治理论课教师座谈会强调　用新时代中国特色社会主义思想铸魂育人　贯彻党的教育方针　落实立德树人根本任务 [N]. 人民日报，2019 - 03 - 19 (1).

② 习近平. 决胜全面建成小康社会　夺取新时代中国特色社会主义伟大胜利：在中国共产党第十九次全国代表大会上的报告 [N]. 人民日报，2017 - 10 - 28 (1).

本质的特征，中国共产党是中国特色社会主义事业的领导核心，巩固和发展中国特色社会主义制度，首先要坚持和改善党的领导。我们党所从事的事业，就是巩固和发展社会主义制度，党的领导是坚持社会主义办学方向的根本政治前提，是社会主义教育的本质特征，是贯彻落实党的教育方针的根本保证。

最后，为党培养人与为改革开放和社会主义现代化建设培养人是内在统一的。中国共产党是致力于社会主义现代化建设、以中华民族全面复兴为己任的使命性政党。中国共产党领导改革开放和社会主义现代化建设事业，把教育事业摆在优先发展的战略地位，致力于培养大量德才兼备，立志报效祖国、报效人民，锐意进取、不断创新的人才。改革开放和社会主义现代化建设越是成功，取得的成就越多，越能够反映出我们党的伟大、光荣、正确。因此，为改革开放和社会主义现代化建设服务，与为党的治国理政服务是内在统一的。

3. 这是实现民族复兴的实践需要

在中国特色社会主义新时代，中国共产党治国理政的历史使命是领导全国各族人民"进行伟大斗争、建设伟大工程、推进伟大事业、实现伟大梦想"，统筹推进中国特色社会主义事业"五位一体"总体布局，协调推进"四个全面"战略布局，实现"两个一百年"奋斗目标，建设富强民主文明和谐美丽的社会主义现代化强国，实现中华民族伟大复兴中国梦。新时代党的使命和任务为当前我国教育事业改革发展指明了方向。

教育事业承载着服务中华民族伟大复兴的重要使命。习近平总书记在全国教育大会上强调："教育是民族振兴、社会进步的重要基石，是功在当代、利在千秋的德政工程，对提高人民综合素质、促进人的全面发展、增强中华民族创新创造活力、实现中华民族伟大复兴具有决定性意义"，要"坚持把服务中华民族伟大复兴作为教育的重要使命"①。这就从中华民族伟大复兴的战略实践层面指出了教育的重大意义和极端重要性，对新时代我国教育提出了新的使命和要求。教育对于国家富强、社会进步具有基础性、先导性、全局性地位和作用，实现"两个一百年"奋斗目标、实现中华民族伟大复兴的中国梦，归根到底要靠教育。

教育事业是党的重要事业，是党治国理政的基础性工程。我们党历来重视教育事业，始终把教育工作与党的中心工作紧密联系在一起，与党所肩负的历史使命紧密联系在一起，努力实现教育发展与人的发展、社会进步、民族复兴的高度统一。党的十八大以来，我们党从中华民族伟大复兴战略高度提出优先发展教育事业，将教育事业的发展方向与实现"两个一百年"和民族复兴目标紧密结合起来，提出了新时代党的教育方针，制定了教育事业发展的具体政策。当前，我国正处于实现中华民族伟大复兴关键时期，我们的教育事业必须始终与党所肩负的历史使命紧密联系在一起，紧紧围绕统筹推进"五位一体"总体布局和协调推进"四个全面"战略布局，加快教育现代化，建设教育强国，办好人民满意的教育，为夺取新时代中国特色社会主义伟大胜利、实现中华民族伟大复兴的中国梦奠定坚实基础。

国家治理体系和治理能力现代化的目标决定了教育必须为党的治国理政服务。推进国家治理体系和治理能力现代化是我们党执政能力和执政水平的具体体现，教育现代化是国家治理体系和治理能力现代化的重要方面。党的十九大提出："建设教育强国是中华民族伟大复兴的基础工程，必须把教育事业放在优先位置，

---

① 习近平在全国教育大会上强调　坚持中国特色社会主义教育发展道路　培养德智体美劳全面发展的社会主义建设者和接班人［N］. 人民日报，2018－09－11（1）.

深化教育改革，加快教育现代化，办好人民满意的教育。要全面贯彻党的教育方针，落实立德树人根本任务，发展素质教育，推进教育公平，培养德智体美全面发展的社会主义建设者和接班人。"① 这对我国教育事业提出了新的使命和要求。党的十九届四中全会提出了推进国家治理体系和治理能力现代化的总体目标和战略部署，强调教育是党执政能力现代化的重要保障，也是推进国家治理体系和治理能力现代化的重要保障②。我们党必须把教育作为执政能力现代化的基础性工程，作为推进国家治理体系和治理能力现代化的先手棋。教育必须为中国共产党治国理政服务，这是推进国家治理体系和治理能力现代化的实践需要，也是党的执政能力现代化的需要；这既是国之大计，又是党之大计。面对新时代新要求，我们的教育事业要承担服务中华民族伟大复兴的使命，就要全面贯彻党的教育方针，为全面建成小康社会服务，为建设富强民主文明和谐美丽的社会主义现代化强国服务，为推动构建人类命运共同体服务。

要强化教育"为中国共产党治国理政服务"意识，培养担当民族复兴大任的时代新人。习近平总书记强调要"坚持把服务中华民族伟大复兴作为教育的重要使命"，从事关民族复兴的战略高度提出了新时代的教育事业使命和任务。当前，我国比历史上任何一个时期都更接近实现中华民族伟大复兴的宏伟目标，对现代化教育强国的要求比历史上任何一个时期更加迫切。兴教为党，兴教为国、为民，这是新时代我国教育事业实现党的历史使命的

① 习近平. 决胜全面建成小康社会  夺取新时代中国特色社会主义伟大胜利：在中国共产党第十九次全国代表大会上的报告 [N]. 人民时报，2017 - 10 - 28 (1).

② 中共中央关于坚持和完善中国特色社会主义制度  推进国家治理体系和治理能力现代化若干重大问题的决定 [N]. 人民日报，2019 - 11 - 06 (1).

内在要求、责任所在。我们坚持把优先发展教育事业作为推动党和国家各项事业发展的重要先手棋，不断使教育同党和国家事业发展要求相适应，同人民群众期待相契合，同我国综合国力和国际地位相匹配，更多更好地培养满足国家需要、时代需要的人才，更多更好地培养能够担当建设社会主义现代化强国和实现中华民族伟大复兴历史使命的时代新人，为实现中华民族伟大复兴奠定坚实教育基础。

## 二、教育发展应与党的治国理政目标相适应

把服务于中国共产党治国理政作为教育的重要使命，具体到实践就是要坚持党对教育事业的全面领导，全面贯彻党的教育方针，建设现代化教育强国，努力培养德才兼备、能担当民族复兴大任的时代新人。

1. 坚持党对教育事业的全面领导

教育为中国共产党治国理政服务，首要前提和根本保证是坚持党对教育事业的全面领导。习近平总书记强调："加强党对一切工作的领导，这一要求不是空洞的、抽象的，要在各方面各环节落实和体现。"① 党对教育事业领导的落实和体现，就是坚持党的政治领导、思想引领、组织领导，推进全面从严治党，不断创新党领导教育事业的体制机制，更好担负起为党治国理政服务的重大职责。

第一，坚持党的政治领导。习近平总书记强调："教育部门和各级各类学校的党组织要增强'四个意识'、坚定'四个自信'，

---

① 习近平. 中国共产党领导是中国特色社会主义最本质的特征 [J]. 求是，2020 (14).

坚定不移维护党中央权威和集中统一领导，自觉在政治立场、政治方向、政治原则、政治道路上同党中央保持高度一致。"① 这是坚持党的政治领导的总要求。具体而言包括四个方面：一是坚持党管办学方向，坚持各级各类教育的社会主义办学性质毫不动摇，坚定培养社会主义的合格建设者和可靠接班人毫不动摇。教育部门和各级各类学校要毫不动摇地坚持党对教育事业的领导，确保教育事业的政治性和党性。二是提高政治站位，自觉维护党对教育事业的领导，增强政治意识、大局意识、核心意识、看齐意识，坚决维护以习近平同志为核心的党中央权威和集中统一领导，自觉在政治立场、政治方向、政治原则、政治道路上同党中央保持高度一致。三是以党的政治建设为统领，把党管办学方向、管改革发展、管干部、管人才贯彻到教育工作各方面各环节，把党的教育方针贯穿办学治校全过程。四是坚持党对教师队伍建设的领导，保证教师队伍建设正确的政治方向。要按照习近平总书记提出的"坚持把教师队伍建设作为基础工作"的要求，从培养社会主义建设者和接班人的高度，建设一支德才兼备的教师队伍。把提高教师思想政治素质和职业道德水平摆在首要位置，把社会主义核心价值观贯穿教书育人全过程，推动教师成为先进思想文化的传播者、党执政的坚定支持者、学生健康成长的指导者。

第二，强化党的思想引领。习近平总书记强调，"思想政治工作是学校各项工作的生命线"②。这就要求各级各类学校把思想政治教育工作摆在重要位置，加强思想政治教育阵地建设，牢牢掌握党对意识形态工作的领导权。一要突出马克思主义的指导地位。

①② 习近平在全国教育大会上强调 坚持中国特色社会主义教育发展道路 培养德智体美劳全面发展的社会主义建设者和接班人 [N]. 人民日报，2018-09-11 (1).

习近平总书记指出："马克思主义是我们立党立国的根本指导思想，也是我国大学最鲜亮的底色。"① 强化党的思想引领必须彰显马克思主义这一鲜亮底色，旗帜鲜明地坚持马克思主义指导思想，以马克思主义科学理论武装头脑，推动马克思主义中国化、时代化、大众化，捍卫马克思主义在教育领域的指导地位，"用马克思主义中国化最新成果统一思想、统一意志、统一行动"②。二要以习近平新时代中国特色社会主义思想统领全局。习近平新时代中国特色社会主义思想站在历史和时代的高度，深刻回答了新时代坚持和发展中国特色社会主义教育的目标任务、战略布局、发展动力和建设路径等问题，为办好中国特色社会主义教育提供了科学的理论指引。当前形势下，需进一步以习近平新时代中国特色社会主义思想武装头脑、指导实践、开展工作，确保习近平新时代中国特色社会主义思想在教育领域落地生根，切实把教育系统各级领导干部和全国广大师生的思想行动统一到习近平新时代中国特色社会主义思想上来。三要牢牢掌握意识形态工作领导权。教育部门和各级各类学校要通过各种爱国主义教育、主流思想文化教育、主题教育等多种形式，始终牢牢掌握意识形态工作领导权，不断充实和丰富意识形态工作的新内容。各级党组织要把坚定师生党员的理想信念作为思想建设的首要任务，关心教师在思想政治上的进步，安排他们认真学习马克思主义理论，使更多的教师牢固树立无产阶级的共产主义的世界观。四要加强思想政治教育阵地建设。把思想政治工作贯穿学校教育管理全过程，在小学中学大学循序渐进地开设思想政治理论课，培养一代又一代拥

---

① 习近平. 在北京大学师生座谈会上的讲话［N］. 人民日报，2018－05－03（2）.

② 习近平. 在"不忘初心、牢记使命"主题教育总结大会上的讲话［M］. 北京：人民出版社，2020：13.

护中国共产党领导和我国社会主义制度、立志为中国特色社会主义事业奋斗终身的有用人才。各级党委、各级教育主管部门、学校党组织都必须把思想政治工作紧紧抓在手上，"要精心培养和组织一支会做思想政治工作的政工队伍，把思想政治工作做在日常、做到个人"①。

第三，完善党的组织领导。加强和完善党的组织建设，切实增强各级各类学校党组织的能力与水平。一要加强各级各类学校党组织领导班子建设。要坚持正确选人用人导向，突出政治标准，提拔任用牢固树立"四个意识"和"四个自信"、热爱教育、忠于党的教育事业、有责任担当的好干部。充分发挥学校党委的领导核心作用和院级党组织的政治核心作用，各级各类学校党的组织体系要选优配强领导班子，培育教师党支部书记"双带头人"，建设高素质专业化干部队伍②。二要坚持和完善党委领导下的校长负责制。党委是学校的领导核心，要进一步履行好管党治党、办学治校的主体责任，对学校工作把关定向、统筹谋划，支持校长依法独立行使职权，推动党的政策全面落地，保障人才培养的中心任务有效完成。三要发挥民主集中制的制度优势和组织优势。要坚决贯彻规范的议事原则与决策机制，按照"集体领导、民主集中、个别酝酿、会议决定"的要求，促进学校各项事业的顺利发展。高校要坚持"党委领导、校长负责、教授治学、民主管理"的基本原则，按照"三重一大"的原则，重大决策要经过广泛酝酿、充分讨论和民主决策的过程。四要充分发挥教育战线基层党组织作用。以提升组织力为重点，把优秀中青年教师和学生骨干

---

① 习近平在全国教育大会上强调　坚持中国特色社会主义教育发展道路　培养德智体美劳全面发展的社会主义建设者和接班人［N］. 人民日报，2018-09-11 (1).

② 郝峰. 坚持党对教育事业的全面领导要聚焦"四个维度"［J］. 中国高等教育，2019 (7).

吸收到党的队伍中来，推进基层党支部标准化、规范化建设，把学校基层党组织建设成为宣传党的主张、贯彻党的决定、领导基层治理、团结动员群众、推动改革发展的坚强战斗堡垒。

第四，全面从严治党。全面从严治党直接关乎立德树人根本任务的贯彻落实，深远影响民族伟大复兴梦想的实现。全面从严治党按照"治理有方、管理到位、风清气正"[①] 的总要求，从严治校、从严治教、从严治学，建设廉洁校园，以良好党风正学风树校风，从而确保党的路线方针政策及重大决策部署落地见效[②]。一要强化教育系统权力制约和监督。在顶层设计上建立和完善对权力运行的动态监督机制，加强对决策过程、执行环节和整个权力行使过程的监督，同时要扩大党内基层民主，推进党务公开，畅通党员参与党内事务、监督党的组织和干部、向上级党组织提出意见和建议的渠道。二要强化监督执纪问责。将纪律和规矩挺在前面，有纪必执、违纪必究，持之以恒地正风肃纪。坚持和完善学校常态性巡查制度，做到见微知著、防患未然，各级各类学校结合党组织要抓好巡视巡察、专项督查调研、业务审计检查等，要坚持问题导向，突出完善"四种常态"机制，抓早抓小、防微杜渐，强化党员干部的教育管理，强化各项纪律、规矩、规章制度执行。三要深入推进教育领域反腐败工作。要紧盯学校腐败易发高发的重点领域和关键环节，在师德师风、基建、招生、科研项目、后勤管理等方面进一步完善制度，加强腐败风险防控，加大惩处力度，持续整治师生身边的腐败问题和不正之风。四要落

---

① 习近平在全国高校思想政治工作会议上强调　把思想政治工作贯穿教育教学全过程　开创我国高等教育事业发展新局面 [J]. 人民日报，2016 - 12 - 09 (1).

② 杭育新. 坚定不移推进高校全面从严治党 [EB/OL]. (2020 - 04 - 09) [2020 - 11 - 07]. https：//theory. gmw. cn/2020 - 04/09/content _ 33727238. htm.

实党风廉政建设责任制。强化责任意识，落实责任体系，落实各级党组织主体责任，落实书记"第一责任"，落实纪委监督责任，落实领导干部"一岗双责"。落实好意识形态责任制，敢抓敢管、敢于亮剑，做到守土有责、守土负责、守土尽责，一级抓一级，层层传导压力，真正落实全面从严治党责任。

第五，创新党领导教育事业的体制机制。领导体制和工作机制是坚持和完善党的领导的制度保障，是教育治理现代化的内在要求。其一，各级各类学校要以"不忘初心、牢记使命"的制度建设为指导，建立健全党委统一领导、党政齐抓共管、各部分各司其职、运转协调的教育领导体制和工作机制，增强党员教育管理的针对性和有效性，不断提升教育治理能力，服务保障教育高质量发展。其二，推进党的基层组织建设和活动方式创新，加强教师党支部、学生党支部建设，增强教育系统基层党组织战斗力，严肃党内政治生活，健全"三会一课"、谈心谈话、民主评议党员等组织生活制度，切实提高党内政治生活质量。其三，建立健全目标考核责任制，根据学校党建工作和基层组织建设任务，按照"细化、量化、科学化"的要求，推行目标管理，把"软任务"变成"硬指标"，把学校党的各级组织建设得更加坚强有力。

2. 全面贯彻党的教育方针

党的教育方针是解决培养什么人、怎样培养人、为谁培养人这个根本问题的总方向和总指针。2015年修订的《中华人民共和国教育法》规定："教育必须为社会主义现代化建设服务、为人民服务，必须与生产劳动和社会实践相结合，培养德、智、体、美等方面全面发展的社会主义建设者和接班人。"习近平总书记提出的"四为"方针，是对党教育方针中"两个服务"的丰富和发展。教育为中国共产党治国理政服务，是新时期党的教育方针的具体化，反映了我们党对教育事业发展经验的总结和规律性认识的深化。教育为中国共产党治国理政服务，必然要求全面贯彻党的教育方针。

全面贯彻党的教育方针，要把立德树人作为教育的根本任务，把立德树人的成效作为检验学校一切工作的根本标准。习近平总书记于 2018 年在北京大学师生座谈会上的讲话中指出，要"不断提高学生思想水平、政治觉悟、道德品质、文化素养，做到明大德、守公德、严私德"①。这就明确了立德树人中的"德"之内涵，包括国家大德、社会公德和个人私德三个层面，涵盖理想信念、政治觉悟、道德品质、文化素养等内容。具体而言，社会主义核心价值观就是立德树人之"德"的要求。把立德树人内化到教育教学各领域、各方面、各环节，就是要把社会主义核心价值观融入教育全过程，深入开展理想信念教育、爱国主义教育、品德修养教育和法治教育，引导学生树立共产主义远大理想和中国特色社会主义共同理想，立志听党话、跟党走，扎根人民、奉献国家，培养学生团结互助、诚实守信、遵纪守法、艰苦奋斗的良好品质。把立德树人内化到教育教学各领域、各方面、各环节，就是要努力构建全员、全过程、全方位育人体系，把立德树人融入思想道德教育、文化知识教育、社会实践教育各环节，贯穿基础教育、职业教育、高等教育各领域，培养一代又一代拥护中国共产党领导和我国社会主义制度、立志为中国特色社会主义奋斗终身的有用人才。推进习近平新时代中国特色社会主义思想和社会主义核心价值观进教材、进课堂、进头脑，推进思想政治理论课程与课程思政深度结合，引导和帮助学生把握好人生方向，扣

---

① 习近平. 在北京大学师生座谈会上的讲话［N］. 人民日报，2018－05－03（2）.

好人生的第一粒扣子。

全面贯彻党的教育方针，要构建德智体美劳全面培养的教育体系和人才培养体系。2018 年 9 月 10 日，习近平总书记在全国教育大会上强调："立足基本国情，遵循教育规律，坚持改革创新，以凝聚人心、完善人格、开发人力、培育人才、造福人民为工作目标，培养德智体美劳全面发展的社会主义建设者和接班人，加快推进教育现代化、建设教育强国、办好人民满意的教育。""要努力构建德智体美劳全面培养的教育体系，形成更高水平的人才培养体系。要把立德树人融入思想道德教育、文化知识教育、社会实践教育各环节，贯穿基础教育、职业教育、高等教育各领域，学科体系、教学体系、教材体系、管理体系要围绕这个目标来设计，教师要围绕这个目标来教，学生要围绕这个目标来学。凡是不利于实现这个目标的做法都要坚决改过来。"[①] 这就对新时代贯彻党的教育方针提出了具体要求。以培养德智体美劳全面发展的社会主义建设者和接班人为使命，用社会主义核心价值观统领课程改革、人才培养模式改革、课堂教学改革和考试评价改革，建立科学的、现代化的学科体系、教材体系、教学体系、管理体系，构建德智体美劳全面培养的教育体系，形成更高水平的人才培养体系[②]。坚持素质教育，促进学生德智体美劳全面发展。学校要不断提高教育教学质量，注重以人为本、因材施教，注重学用相长、知行合一，着力培养学生的创新精神和实践能力，增强学生创造力[③]。要全面加强和改进各级各类学校体育、美育和劳

① 习近平在全国教育大会上强调 坚持中国特色社会主义教育发展道路 培养德智体美劳全面发展的社会主义建设者和接班人 [N]. 人民日报，2018-09-11 (1).
② 朱庆葆，章兴鸣. 教育必须为中国共产党治国理政服务 [J]. 中国高等教育，2019 (Z3).
③ 程纯. 培养社会主义建设者和接班人落实立德树人根本任务 [N]. 人民日报，2018-07-15 (5).

动教育。要树立健康第一的教育理念，开齐开足体育课，帮助学生在体育锻炼中享受乐趣、增强体质、健全人格、锤炼意志。要加强和改进学校美育，坚持以美育人、以文化人，提高学生审美和人文素养。要弘扬劳动精神，教育引导学生崇尚劳动、尊重劳动，懂得劳动最光荣、劳动最崇高、劳动最伟大、劳动最美丽的道理，长大后能够辛勤劳动、诚实劳动、创造性劳动[①]。

全面贯彻党的教育方针，切实为中国共产党治国理政服务。一是要服务于新时代党的中心任务。新时代党的中心任务是实现"两个一百年"奋斗目标、实现中华民族伟大复兴中国梦。教育方针要服务于党的中心任务，就是要坚持立德树人，为中华民族伟大复兴培养合格的建设者，为中国共产党治国理政培养可靠的接班人。二是要贯彻以人民为中心的教育发展理念，让教育发展成果更公平地惠及全体人民。我们的教育事业要努力让每个人都能公平地享有受教育的机会，我们的学校要不断提高教育教学质量，努力让每个人的人生都有出彩的机会。这就要求我们贯彻以人民为中心的教育发展理念，既要坚持教育公平，提供普惠的教育福利，又要注重教育质量，办好人民满意的教育，满足人民不断提高的教育需求。三是要秉持"人的自由全面发展"的价值追求。"人的自由全面发展"是科学社会主义的最高价值追求，也是社会主义教育事业的价值目标。新时代的教育方针强调德智体美劳全面发展，注重发展素质教育，使每个学生个性和创造力得到充分发展，继承和发展马克思关于"人的自由全面发展"的思想。

3. 建设现代化教育强国

把服务于中国共产党治国理政作为教育事业的重要使命，需

---

① 教育部课题组. 深入学习习近平关于教育的重要论述［M］. 北京：人民出版社，2019：序言 4.

要推进教育现代化、建设教育强国。

党的十九大提出把建设教育强国作为中华民族伟大复兴的基础工程，对教育提出了新的更高要求。《中国教育现代化2035》提出了推进教育现代化的总体目标："到2035年，总体实现教育现代化，迈入教育强国行列，推动我国成为学习大国、人力资源强国和人才强国，为到本世纪中叶建成富强民主文明和谐美丽的社会主义现代化强国奠定坚实基础。"[①] 这从中华民族伟大复兴的战略高度强调了加快推进教育现代化、建设教育强国的深远意义。

社会主义现代化离不开教育现代化的基础支撑。我国教育事业经过70多年的发展，教育规模已经跃居世界第一，是名副其实的教育大国，但是我国当前的教育发展总体水平仍然不高，与党和国家事业发展要求、人民群众期待、我国综合国力和国际地位相比，我们的教育发展还有不少短板和不足，突出表现在：一方面，在中国特色社会主义新时代，我们的教育事业与人民不断提高的教育需求之间，还存在发展不平衡、不充分的矛盾；另一方面，我们的人才培养能力、科技创新能力、服务于经济社会发展的能力和国际竞争能力还有待提高。因此，加快推进教育事业发展，建设现代化教育强国，既要解决教育发展不平衡、不充分的问题，又要不断推进人才强国、科教兴国战略，不断增强人才培养能力、科技创新能力、服务于经济社会发展的能力和国际竞争能力。

建设教育强国是社会主义现代化的重要内容。2018年，习近平总书记在全国教育大会上指出："我们要抓住机遇、超前布局，以更高远的历史站位、更宽广的国际视野、更深邃的战略眼光，

---

① 中共中央国务院印发《中国教育现代化2035》[N]. 人民日报，2019-02-24 (1).

对加快推进教育现代化、建设教育强国做出总体部署和战略设计，坚持把优先发展教育事业作为推动党和国家各项事业发展的重要先手棋，不断使教育同党和国家事业发展要求相适应、同人民群众期待相契合、同我国综合国力和国际地位相匹配。"① 党的十八大以来，以习近平同志为核心的党中央站在坚持和发展中国特色社会主义、实现中华民族伟大复兴的战略高度，把加快推进教育现代化、建设教育强国摆在治国理政的重要位置。党的十九大从民族复兴的战略高度，做出了优先发展教育事业、加快教育现代化、建设教育强国的重大部署。党的十九届四中全会明确提出，"构建服务全民终身学习的教育体系"，"完善立德树人体制机制，深化教育领域综合改革"，对新时期深化教育体制机制改革做出了明确部署②。为切实推进教育现代化、建设教育强国，党中央于2018年成立了教育工作领导小组，进一步加强对教育工作的领导，进一步加强学校思想政治工作、意识形态工作，进一步加强教育重大理论和实践问题的统筹和决策③，从组织领导层面把加快推进教育现代化、建设教育强国提升到新的高度，为切实推进教育强国建设，实现从教育大国向教育强国转变提供了强有力的领导和组织保障。中共中央、国务院于2019年印发了《中国教育现代化2035》，从新时代中国特色社会主义建设总体战略的高度，聚焦教育发展的突出问题和薄弱环节，对我国教育现代化的战略目标、战略任务和实施路径进行了系统部署。

---

① 习近平在全国教育大会上强调　坚持中国特色社会主义教育发展道路　培养德智体美劳全面发展的社会主义建设者和接班人［N］. 人民日报，2018-09-11（1）.

② 中共中央关于坚持和完善中国特色社会主义制度　推进国家治理体系和治理能力现代化若干重大问题的决定［N］. 人民日报，2019-11-06（1）.

③ 教育部课题组. 深入学习习近平关于教育的重要论述［M］. 北京：人民出版社，2019：序言.

　　建设教育强国就是要使教育事业发展与党的治国理政目标相适应，为实现中华民族伟大复兴奠定更为坚实的基础。我们要立足基本国情，遵循教育规律，坚持改革创新，不断提升教育服务党的中心工作、服务经济社会文化各领域现代化发展的能力①。

　　一是推进教育治理体系和治理能力现代化。要立足基本国情，遵循教育规律，紧紧围绕统筹推进"五位一体"总体布局和协调推进"四个全面"战略布局，坚定"四个自信"，树立现代化的教育理念，完善立德树人体制机制，大力推进教育理念、体系、制度、内容、方法、治理现代化②。不断提升教育服务党的中心工作、服务经济社会文化各领域现代化发展的能力，为决胜全面建成小康社会、实现新时代中国特色社会主义发展的奋斗目标提供有力支撑。

　　二是实施科教兴国战略、人才强国战略，建设人才强国、文化强国、科技强国。要增强综合素质，完善教育质量标准体系，健全人才培养质量标准，创新人才培养方式。推动各级教育高水平高质量普及，实现基本公共教育服务均等化，构建服务全民的终身学习体系，提升一流人才培养与创新能力，建设高素质专业化创新型教师队伍，加快信息化时代教育变革，开创教育对外开放新格局，发展中国特色世界先进水平的优质教育。

　　三是加快重点领域和关键环节改革步伐，为加快推进教育现代化提供制度支撑③。聚焦教育发展的突出问题和薄弱环节，立足当前，着眼长远，不断深化教育体制机制改革，推进教育治理方式变革，深化教育领域综合改革，深化办学体制改革，深化教

　　①　朱庆葆，章兴鸣. 教育必须为中国共产党治国理政服务 [J]. 中国高等教育，2019（Z3）.
　　②　中共中央国务院印发中国教育现代化2035 [N]. 人民日报，2019-02-24（1）.
　　③　加快推进教育现代化实施方案（2018—2022年）[N]. 人民日报，2019-02-24（7）.

育管理体制改革，深化教育评价制度改革，深化经费投入体制和经费管理改革，推动城乡义务教育一体化发展，健全各阶段教育体系，统筹协调教育发展机制。

四是落实建设教育强国的保障机制。建立健全党委统一领导、党政齐抓共管、部门各负其责的教育领导体制。全面推进依法治教，提高教育法治化水平。完善教育现代化投入支撑体制，健全保证财政教育投入持续稳定增长的长效机制和教育经费管理机制，保障教育事业优先优质发展。

# 三、提升教育为党治国理政服务的能力

把服务于中国共产党治国理政作为教育的重要使命，具体到实践就是要不断提升教育为党的新时代新思想新战略服务的能力。教育事业要牢固树立为党的治国理政服务的意识，为党的治国理政提供坚实的文化基础，培养合格人才，提供有力的智力支撑。

## 1. 为党的治国理政夯实文化基础

文化建设是中国共产党治国理政的重要内容。先进的文化具有指引社会发展方向、为全体成员提供共同信仰和追求的价值导向作用，具有凝聚社会共识、达成认识一致和行动统一的激励作用，具有提供是非判断标准、形成社会成员行为自觉的约束作用。中国共产党成立百年来，既是中国先进文化的积极引领者和践行者，又是中华优秀传统文化的忠实传承者和弘扬者，始终代表中国先进文化的前进方向。中国共产党植根于中华民族五千多年文明历史所孕育的中华优秀传统文化，熔铸党领导人民在革命、建设和改革实践中创造的革命文化和社会主义先进文化，坚持创造性转化、创新性发展，不断铸就中华文化新辉煌，形成和发展了中国特色社会主义文化。中国共产党坚持在实践创造中进行文化创造，在历史进步中实现文化进步，始终以先进文化将中国人民凝聚在一起，引领中国的发展。在中国特色社会主义新时代，中国共产党能够担负起新的文化使命，不忘本来、吸收外来、面向未来，致力于中华优秀传统文化创造性转化、创新性发展，继承革命文化，发展社会主义先进文化，构筑中国精神、中国价值、中国力量，为人民提供精神指引[①]。随着我国经济社会全面进步和精神文明建设的发展，社会主义先进文化越来越成为中国人民文化自信的来源和中华民族伟大复兴的精神动力。

为党的治国理政提供坚实的文化基础是教育事业的重大使命和责任。自古以来，教育就是一个思想文化传播的主要手段，也是文化创新的根本途径。我国有独特的历史、独特的文化、独特的国情，决定了我国必须走自己的教育发展道路，我国教育事业的发展方向要同我国发展的现实目标和未来方向紧密联系在一起。习近平总书记强调："坚持中国特色社会主义文化发展道路，推动中华优秀传统文化创造性转化、创新性发展，继承革命文化，发展社会主义先进文化，激发全民族文化创新创造活力，建设社会主义文化强国。"[②] 繁荣社会主义文化，建设文化强国，归根到底靠党的领导，靠教育。社会主义教育承载着传播思想、传播真理、塑造灵魂的时代重任。教育为中国共产党治国理政提供坚实的文化基础，就是要推动社会主义文化繁荣兴盛，为建设社会主义文化强国提供有力支撑，为国家治理体系和治理能力现代化提供深

---

① 习近平. 决胜全面建成小康社会　夺取新时代中国特色社会主义伟大胜利：在中国共产党第十九次全国代表大会上的报告［N］. 人民日报，2017－10－28（1）.

② 习近平出席全国宣传思想工作会议并发表重要讲话［J］. 时事报告（党委中心组学习），2018（5）.

厚支撑，为中华民族伟大复兴提供强大的精神动力。

为党的治国理政提供坚实的文化基础，必须坚持中国特色社会主义文化。中国特色社会主义文化，既包括中华民族五千多年文明历史传承的优秀传统文化，也包括党领导人民在革命斗争创造的革命文化，在领导社会主义建设和改革开放过程中形成的社会主义先进文化。当前，我国的精神文明建设面临复杂的国内国际新形势。在国内，社会思想观念和价值取向日趋活跃，主流和非主流同时并存，社会主义文化面临多元化的冲击，迫切需要巩固马克思主义在意识形态领域的指导地位，培育和践行社会主义核心价值观，巩固全党全国各族人民团结奋斗的共同思想基础。在国际上，世界范围内各种思想文化交流交融交锋，迫切需要加快建设社会主义文化强国，增强文化软实力，提高我国在国际上的话语权。教育为中国共产党治国理政服务，就是要坚定文化自信，坚持中国特色社会主义文化发展道路，发展社会主义先进文化，广泛凝聚人民精神力量，建设社会主义文化强国，推动社会主义精神文明和物质文明协调发展。

教育事业为党的治国理政提供坚实的文化基础，必须充分发挥学校作为社会主义精神文明建设基地的作用。习近平总书记指出，"人民有信仰，国家有力量，民族有希望"，要"用新时代中国特色社会主义思想铸魂育人，引导学生增强中国特色社会主义道路自信、理论自信、制度自信、文化自信，厚植爱国主义情怀，把爱国情、强国志、报国行自觉融入坚持和发展中国特色社会主义事业、建设社会主义现代化强国、实现中华民族伟大复兴的奋斗之中"[①]。要推进中国特色社会主义哲学社会科学繁荣发展。通

---

① 习近平主持召开学校思想政治理论课教师座谈会强调　用新时代中国特色社会主义思想铸魂育人　贯彻党的教育方针　落实立德树人根本任务［N］. 人民日报，2019－03－19 (1).

过构建中国特色社会主义哲学深化马克思主义理论的研究和建设，充分发挥教育的育人功能。把坚持以马克思主义为指导全面落实到思想理论建设、哲学社会科学研究、教育教学各方面，以科学的理论武装人，以正确的舆论引导人，以高尚的精神塑造人，旗帜鲜明反对和抵制各种错误观点，在指导思想、学科体系、学术体系、话语体系等方面充分体现中国特色、中国风格、中国气派，为社会主义文化强国奠定坚实的基础。

教育事业为党的治国理政提供坚实的文化基础，必须坚持文化育人、以文化人。要使教育成为兴文化、育新人的过程，使学生了解中华优秀传统文化、革命文化、社会主义先进文化，使人民的思想道德素质和科学文化素质全面提升。

一要坚守意识形态工作的主战场、主阵地。习近平总书记指出，"意识形态决定文化前进方向和发展道路"①。意识形态工作领导权是教育为党的治国理政服务的政治保证。教育事业为党的治国理政提供坚实的文化基础，就必须牢牢掌握党对意识形态工作领导权，坚守教育阵地。教育工作要增强政治意识、大局意识、核心意识、看齐意识，巩固马克思主义在意识形态领域的指导地位，坚持毛泽东思想、邓小平理论、"三个代表"重要思想、科学发展观，推进马克思主义中国化时代化大众化，加强习近平新时代中国特色社会主义思想教育，建设具有强大凝聚力和引领力的社会主义意识形态，确保高校意识形态的安全，为学生成长奠定科学的思想基础。二要培育和践行社会主义核心价值观。习近平总书记指出，"要以培养担当民族复兴大任的时代新人为着眼点，强化教育引导、实践养成、制度保障，发挥社会主义核心价值观

---

① 习近平.决胜全面建成小康社会  夺取新时代中国特色社会主义伟大胜利：在中国共产党第十九次全国代表大会上的报告［N］.人民日报，2017-10-28（1）.

对国民教育、精神文明创建、精神文化产品创作生产传播的引领作用"①。新时代要坚持用习近平新时代中国特色社会主义思想铸魂育人，要把社会主义核心价值观融入国民教育全过程的各项工作，推进社会主义核心价值观进教材、进课堂、进头脑，融入教育教学、校风学风，引领师德建设，引导学生扣好人生第一粒扣子。要充分发挥社会主义核心价值观的引领作用，振奋民族精神，使全体人民在理想信念、价值理念、道德观念上紧紧团结在一起，为中国共产党治国理政提供强大的凝聚力和向心力。三要加强思想道德教育，广泛开展理想信念教育。要坚持立德树人，把理想信念教育、思想道德贯穿国民教育的全过程，弘扬民族精神和时代精神，弘扬爱国主义、集体主义，坚定社会主义理想信念，引导学生树立正确的历史观、民族观、国家观、文化观。教育是传承和弘扬中华优秀传统文化的主要途径，也是传承和弘扬社会主义先进文化的主渠道、主阵地。要发挥教育的基础性作用，弘扬中华优秀传统文化和社会主义先进文化。

教育事业为党的治国理政提供坚实的文化基础，必须加强师德师风建设。习近平总书记指出，我国知识分子历来有"为天地立心，为生民立命，为往圣继绝学，为万世开太平"的志向和传统，就是要为社会构建精神价值观，赋予民众生命的意义，继承发扬先贤的学问，为万世开辟永久太平的基业；一切有理想、有抱负的哲学社会科学工作者都应该担负起历史赋予的光荣使命②。教师是人类灵魂的工程师，是人类文明的传承者，承载着传播知识、传播思想、传播真理，塑造灵魂、塑造生命、塑造新人的时

---

① 习近平. 决胜全面建成小康社会 夺取新时代中国特色社会主义伟大胜利：在中国共产党第十九次全国代表大会上的报告 [N]. 人民日报，2017 – 10 – 28 (1).

② 习近平. 在哲学社会科学工作座谈会上的讲话 [N]. 人民日报，2016 – 05 – 19 (2).

代重任。广大教师要"学为人师，行为世范"，提升自身的思想文化素养，把社会责任放在首位，自觉践行社会主义核心价值观，做真善美的追求者和传播者，以深厚的学识修养赢得尊重，以高尚的人格魅力引领风气，在为祖国、为人民立德立言中成就自我、实现价值。

### 2. 为党的治国理政培养合格人才

把服务于中国共产党治国理政作为教育事业的重要使命，就是培养为党治国理政服务的人才。人才在国家治理中发挥不可替代的作用。习近平总书记指出："当今世界的综合国力竞争，说到底是人才竞争，人才越来越成为推动经济社会发展的战略性资源"，"'两个一百年'奋斗目标的实现、中华民族伟大复兴中国梦的实现，归根到底靠人才、靠教育。"[①] 当前，我国正处于民族复兴的关键时期，国际竞争空前激烈，我们党"对科学知识和优秀人才的需要，比以往任何时候都更为迫切"[②]。

这就要求教育事业培养能担当民族复兴大任的人才。教育必须培养社会发展所需要的人，这一点上是有共识的。培养社会发展所需要的人，具体来说，就是培养社会发展、知识积累、文化传承、国家存续、制度运行所要求的人[③]。国家的发展阶段不同，对教育培养人的要求也不相同，在不同历史时期，社会主义事业人才的要求也因时而异。新中国成立以来，毛泽东同志提出了培养"又红又专"的人才目标；邓小平同志提出了培养面向现代化、面向世界、面向未来的"有理想、有道德、有文化、有纪律"的"四有新人"目标；江泽民同志明确提出了"既懂指挥管理又懂专

---

① 习近平. 做党和人民满意的好老师：同北京师范大学师生代表座谈时的讲话 [N]. 人民日报，2014-09-10 (2).

②③ 习近平. 在北京大学师生座谈会上的讲话 [N]. 人民日报，2018-05-03 (2).

业技术"的复合型人才培养目标；胡锦涛同志强调了"德才兼备"的人才培养目标；习近平总书记强调要全面贯彻党的教育方针，落实立德树人根本任务，发展素质教育，推进教育公平，培养德智体美劳全面发展的社会主义建设者和接班人。

在新时代，教育事业培养的人才必须认同中国特色社会主义道路，认同中国共产党治国理政的理念。习近平总书记指出："时代越是向前，知识和人才的重要性就愈发突出，教育的地位和作用就愈发凸显。""必须更加重视教育，努力培养出更多更好能够满足党、国家、人民、时代需要的人才。"① 更多更好地培养为人民服务、为中国共产党治国理政服务、为巩固和发展中国特色社会主义制度服务、为改革开放和社会主义现代化建设服务的人才，这正是新时代、新形势下教育面临的新任务、新使命。教育的根本任务，就是要为党治国理政和社会主义现代化建设源源不断地输送人才，为实现中华民族伟大复兴的中国梦提供强有力的人才保障。

党在治国理政的实践过程中，方方面面都需要大量的人才。教育要满足国家发展对人力资本和人才培养需求，更多更好地培养满足党需要的人才，为国家经济转型、科技创新、文化繁荣、民生改善与社会和谐等领域提供强大的人力资本支撑。

一是坚持党管人才原则。要着力在坚定理想信念、厚植爱国主义情怀、加强品德修养、增长知识见识、培养奋斗精神、增强综合素质上下功夫，把立德树人融入思想道德教育、文化知识教育、社会实践教育各环节，贯穿基础教育、职业教育、高等教育各领域②。这就要求我们的教育事业以凝聚人心、完善人格、开

---

① 全面贯彻落实党的教育方针 努力把我国基础教育越办越好 [N]. 人民日报，2016 - 09 - 10 (1).

② 朱庆葆，章兴鸣. 教育必须为中国共产党治国理政服务 [J]. 中国高等教育，2019 (Z3).

发人力、培育人才、造福人民为工作目标，培育和践行社会主义核心价值观，为实现中华民族伟大复兴的中国梦提供共同精神支柱和强大精神动力。

二是坚定实施科教兴国战略，加快建设人才强国。要瞄准科技前沿和关键领域，加强紧缺高端复合人才培养，培养造就一大批具有国际水平的战略科技人才、科技领军人才、青年科技人才和高水平创新团队。要完善科技人才发现、培养、激励机制，健全符合科研规律的科技管理体制和政策体系，改进科技评价体系，健全科技伦理治理体制。要加快人才制度和政策创新，支持各类人才为推进国家治理体系和治理能力现代化贡献智慧和力量①。

三是实行更加积极、更加开放、更加有效的人才政策。党的十九届四中全会指出，坚持德才兼备、选贤任能，聚天下英才而用之，培养造就更多更优秀人才，是我国国家制度和国家治理体系的显著优势之一②。尊重知识、尊重人才、尊重创造，做到政治上充分信任、思想上主动引导、工作上创造条件、生活上关心照顾，多为他们办实事、做好事、解难事。以识才的慧眼、爱才的诚意、用才的胆识、容才的雅量、聚才的良方，把党内和党外、国内和国外各方面优秀人才集聚到党和人民的伟大奋斗中来。要努力形成人人渴望成才、人人努力成才、人人皆可成才、人人尽展其才的良好局面，让各类人才的创造活力竞相迸发、聪明才智充分涌流。

四是把教师队伍建设作为人才培养的基础工作。邓小平曾经指出："一个学校能不能为社会主义建设培养合格的人才，培养德智体全面发展、有社会主义觉悟的有文化的劳动者，关键在教师。"③

---

①② 中共中央关于坚持和完善中国特色社会主义制度 推进国家治理体系和治理能力现代化若干重大问题的决定［N］. 人民日报，2019 - 11 - 06 (1).

③ 邓小平. 邓小平文选：第 2 卷［M］. 2 版. 北京：人民出版社，1994：108.

要大力培养造就一支有理想信念、有道德情操、有扎实学识、有仁爱之心的教师队伍。要将教育投入更多向教师倾斜，不断提高教师待遇，让广大教师安心从教、热心从教。

3. 为党的治国理政提供智力支持

教育为中国共产党治国理政服务，需要加快建设中国特色新型智库建设，为党的治国理政提供智力支持。

建设中国特色新型智库是提升党的执政能力和国家治理现代化水平的重要途径，对于增强国家文化软实力具有重要意义。当前，中国共产党也正在领导中国进行历史上最为广泛而深刻的社会变革，进行人类历史上最为宏大而独特的实践创新。面对前无古人的伟大实践，我们党在治国理政过程中需要解决一系列重大理论与实践问题。例如：面对文化多元化的复杂形势与挑战，如何巩固马克思主义在意识形态领域的指导地位，推动中华优秀传统文化创造性转化、创新性发展，继承革命文化，发展社会主义先进文化的一系列问题；面对改革进入攻坚期和深水区、各种深层次矛盾和问题不断呈现、各类风险和挑战不断增多的新形势，如何提高改革决策水平，推进国家治理体系和治理能力现代化的一系列问题；面对我国经济发展进入新常态、国际发展环境深刻变化的新形势，如何贯彻落实新发展理念，加快转变经济发展方式，提高发展质量和效益，如何更好保障和改善民生、促进社会公平正义的一系列问题；面对世界范围内各种思想文化交流交融交锋的新形势，如何加快建设社会主义文化强国，增强文化软实力，提高我国在国际上的话语权的一系列问题；面对国际科技与经济竞争比以往任何时候都更加激烈的新形势，如何加快各领域科技创新，建设世界科技强国，尤其在事关国家长远和全局的关键领域，如何突破西方国家的技术封锁，抢占科技战略制高点的一系列问题。面对上述关系中华民族复兴大业的重大理论与实践难题，高等院校责无旁贷，必须有效发挥智库作用，围绕中心、服务大局，为党治国理政献计献策。

中国特色新型智库是党和政府科学民主依法决策的重要支撑，是国家治理体系和治理能力现代化的重要内容，是国家软实力的重要组成部分①。党的十八届三中全会提出，要加强中国特色新型智库建设，建立健全决策咨询制度。党的十八届五中全会强调，要实施哲学社会科学创新工程，建设中国特色新型智库。2015 年11 月，习近平总书记强调：“要建设一批国家亟需、特色鲜明、制度创新、引领发展的高端智库，重点围绕国家重大战略需求开展前瞻性、针对性、储备性政策研究。”② 在党的十九大报告中，习近平总书记再次强调，要“加强中国特色新型智库建设”③。高校学科门类齐全、人力资源集中、基础研究力量雄厚、人才培养以及对外交流广泛，应当积极发挥战略研究、政策建言、人才培养、舆论引导、公共外交的重要功能，扮演着政府“外脑”和“参谋”的角色，发挥着智库作用。

高校智库为党的治国理政实践服务，总目标是为坚持和发展中国特色社会主义，统筹推进“五位一体”总体布局和协调推进“四个全面”战略布局，实现“两个一百年”奋斗目标、实现中华民族伟大复兴的中国梦提供智力支持。一是发挥高校基础研究实力雄厚的优势，围绕党的治国理政的重大问题和国家长远发展的前沿问题，为党的治国理政提供坚实的理论支撑，提出具有针对

① 加强中国特色新型智库建设［N］. 人民日报，2015 - 01 - 21 (1).
② 习近平. 在哲学社会科学工作座谈会上的讲话［N］. 人民日报，2016 - 05 - 19 (2).
③ 习近平. 决胜全面建成小康社会 夺取新时代中国特色社会主义伟大胜利：在中国共产党第十九次全国代表大会上的报告［N］. 人民日报，2017 - 10 - 28 (1).

性和操作性的政策建议。二是发挥高校学科门类齐全的优势，对接国家战略需求，围绕重大现实问题，立足学科交叉融合，开展多学科的综合研究，推动智库与学科良性互动。三是发挥高校人力资源集中的优势，积极投身实施创新驱动发展战略，倡导多方合作共建，应对国内外环境挑战、破解发展难题，推进产学研协同创新。四是发挥高校人才培养的优势，努力培养创新型、复合型、应用型人才，为中国特色新型智库建设提供有力的人才保障。五是发挥高校学术研究优势，针对社会热点问题，广泛调研，潜心研究，掌握真实情况，为党的大政方针释疑解惑，引导社会舆论。六是发挥高校对外学术交流与合作广泛的优势，积极开展人文交流，推动公共外交，阐述中国理论，讲好中国故事，不断增强我国的国际影响力和国际话语权，增强国家文化软实力。

教育必须为巩固和发展
中国特色社会主义
制度服务

习近平总书记在全国高校思想政治工作会议上强调："我国有独特的历史、独特的文化、独特的国情，决定了我国必须走自己的高等教育发展道路，扎实办好中国特色社会主义高校。我国高等教育发展方向要同我国发展的现实目标和未来方向紧密联系在一起，为人民服务，为中国共产党治国理政服务，为巩固和发展中国特色社会主义制度服务，为改革开放和社会主义现代化建设服务。"① 这一重要论述为社会主义办学指明了方向。

一个事物的发展必须有适合其生长的环境和土壤。教育也是一样。任何一个国家的教育都是在其自身的历史土壤中孕育、生长、繁盛的，由于历史条件、文化传统和具体国情不同，各国教育都有独特的内在逻辑和生成规律。中国也同样如此，我们的教育必须要切合社会主义制度，必须与国情紧密结合，本着为巩固和发展社会主义制度服务，这样才能发挥好教育的应有之义。

## 一、坚持和完善中国特色社会主义制度的必然要求

中国近代史，是一部充满灾难的、落后挨打的屈辱史；是一部中国人民探索救国之路，实现自由、民主的探索史；是一部中华民族抵抗侵略，打倒帝国主义以实现民族解放、打倒封建主义以实现人民富强的斗争史。"救亡图存"，实现民族独立，始终是无数中华优秀儿女不懈奋斗的目标。

---

① 习近平. 习近平谈治国理政：第 2 卷［M］. 北京：外文出版社，2017：376 - 377.

在这样的历史环境下，一批又一批中华儿女分赴世界各强国接受先进教育，以图报国。1949 年，中华人民共和国成立，标志着新民主主义革命的胜利。1956 年底，社会主义三大改造完成，标志着社会主义制度正式在中华大地确立。中国历史迎来了发展的新篇章。

1. 中国特色社会主义制度的优越性和历史必然性

中国特色社会主义制度，贯穿于我国经济、政治、文化、社会、生态等各个领域，并相互联系、相互融合，是一整套处于不断完善与发展的制度体系。它的建立，以党和人民的长期历史实践为基础，并经过不断的摸索与创新，代表了历史与人民的选择。它是当代中国不断发展的根本制度保障，集中体现了社会主义制度的优越性，体现了中国特色社会主义的优势。这主要在于，它符合我国的基本国情，并依据现实形势的发展变化，不断做出相应的调整，从而有力地顺应了时代发展的潮流，这也使党和国家发展的活力得以不断涌现，从而有力地调动了广大人民群众的积极性与创造性，并顺应了人民群众的主动性，使社会各方面的发展都展现出充足的活力，这无疑为解放和发展社会生产力提供了坚实的基础，从而能够有力地推动社会经济的高质量发展。同时，人民群众的主体性地位的不断体现，也促进了社会公平正义的实现，为早日实现全体人民共同富裕增添持久的动力。这种集中力量办大事的制度，还有利于我们很好地面对各种可能出现的大规模风险与挑战，从而有力地维护社会的稳定与国家的统一。因此，这一制度，就是当代中国社会各个领域发展进步的根本保障。

教育可以有效提高全民族的整体素质，继而为社会主义事业的发展培养源源不断的人才，这对于中国特色社会主义的发展具有重要的战略意义，是一项战略性的事业。教育事业的发展有赖于正确的教育方针，而教育方针的制定与国家和社会发展的总体方向是密不可分的。新中国成立以来，我国教育方针的制定与社会主义事业的发展历程有着紧密的联系。党和国家在不同的历史时期，都会根据现实情况制定出社会主义事业发展的大政方针，为教育方针的制定指明了基本方向，使教育方针体现国家发展教育事业的基本目标与基本政策。这种演变的大致历程也恰好折射出某种特定的规律，为我们未来进一步推进教育事业的发展提供了重要的启示。

党的十八大以来，实现中华民族伟大复兴成为党和国家立志实现的重大目标，高校也因此肩负起了培养担当民族复兴大任的时代新人的使命。我国高等教育发展历程表明，无论是革命战争年代的红军大学、延安抗大等，还是在建设时期和改革时期创办的各类新型大学，都是在服务党的奋斗目标中发展壮大的，这奠定了中国特色社会主义大学的办学特色和红色基因。

通过对历史的回顾，不难发现我国教育事业的发展，根植于中国特色社会主义制度的土壤，这就注定了教育事业先天承担着为这一根本制度发展完善而服务的伟大使命。

新中国成立以来的实践证明，教育方针的演变需要不断适应社会发展的实际，从而不断推进社会主义事业在我国的发展。新中国成立初期，教育事业处于百废待兴的状态。得益于党在自身发展过程中所累积的教育事业的经验教训，以及各个解放区的教育事业的实践经验，当时采用的教育方针主要是继承与发展了以往解放区的经验与模式，其新民主主义的特征十分显著，例如，主要任务是提高全体人民的文化水平，包括消除封建思想的影响、提高识字率、树立为国家为人民服务的思想等等。还包括为即将到来的国家大规模建设提供源源不断的人才。到了 1956 年，社会主义制度在中国基本建立，中国迈入了社会主义建设时期，党和国家的教育方针也相应发生了一定的变化，教育方针也从新民主主义过渡到了社会主义。改革开放以后，中国社会主义事业进入新的阶段，教育事业的发展也呈现出新的局面。到了 20 世纪 90 年代，国内国际局势发生了一系列变化，我国的教育事业开始逐渐走向全面化，这主要表现在对于人才的培养要求更加全面，提倡对受教育者实施素质教育，以此适应我国现代化建设的更多现实需要，教育方针与国家战略目标的发展变得越来越紧密了。

21 世纪以来，中国教育事业在取得重大发展的同时，也对自身未来的发展提出了更多的要求。我国国民的受教育水平整体上得到了极大的提升，平均受教育的年限增加，而且平均学历也处于上升的阶段，各类教育事业都取得了较大的成果，这很好地填补了社会各行各业在人才方面的空缺，极大地促进了我国现代化建设事业的稳定发展。因此，我国教育方针也在逐渐完善，十分重视受教育者的全面发展，真正做到了既满足国家发展的需要，也满足人的自身发展的需要。

党的十七大报告提出："坚持育人为本、德育为先，实施素质教育，提高教育现代化水平，培养德智体美全面发展的社会主义建设者和接班人，办好人民满意的教育。"[①] 党的十八大报告则进一步强调把立德树人作为教育的根本任务，培养德智体美全面发展的社会主义建设者和接班人[②]。党的十九大报告要求"落实立德树人根本任务"[③]。党的十八大以来，中国共产党领导广大人民

①② 胡锦涛. 高举中国特色社会主义伟大旗帜　为夺取全面建设小康社会新胜利而奋斗：在中国共产党第十八次全国代表大会上的报告 [N]. 人民日报，2007 - 10 - 25 (1).

③ 习近平. 决胜全面建成小康社会　夺取新时代中国特色社会主义伟大胜利：在中国共产党第十九次全国代表大会上的报告 [N]. 人民日报，2017 - 10 - 28 (1).

为实现中华民族伟大复兴的中国梦而努力奋斗，高校思想政治教育理所当然地肩负起了培养担当民族复兴大任的时代新人的使命。

2. 中国特色社会主义制度造就和发展了中国教育

党领导下的教育事业的发展，不断注重质量的提高，不断呈现出新的良好局面，这无疑为国家的现代化建设提供了强大的支持。截至 2020 年，我国基础教育在校学生达到 2.41 亿，全国 99.8％的义务教育学校已达到办学底线要求，2019 年，我国高等教育毛入学率为 51.6％，并且会在 2020 年底努力实现全国学前教育三年毛入园率达到 85％，普惠性资源覆盖率达到 80％，公办园在园幼儿占比原则上达到 50％的目标，残疾儿童少年义务教育入学率达到 95％以上①。可以看出，人民平等接受教育尤其是基础教育的权利得到了极好的保障，这无疑是我国根本性制度保障的优势所在，它能够保证绝大多数人享受教育所带来的发展机遇；更为重要的是，这对于人均收入水平参差不齐、收入差距依然相对较大的现实情况而言，这样的制度保障无疑为许多难以支付高等教育的高成本的人提供了接受更高水平教育的机会，而受教育水平的提高又为他们创造更多的社会财富提供了强有力的支撑，从而可以享受社会发展所带来的物质文明与精神文明的巨大成果，这也真正符合"为人民服务"的标准。

我国教育方针从根本上要培养为社会主义建设服务的全面人才，这既符合我国国情，也符合教育本身的特性。马克思主义经典作家就一直强调人的全面发展，提出了人的全面发展在不同的历史时期和情境中都表现出不同的特征，而其最终的目的还是实现人本身的全面发展，教育本身更多是一种手段，这也符合我国

---

① 国务院研究室编写组. 十三届全国人大三次会议《政府工作报告》辅导读本［M］. 北京：人民出版社，2020：332－336.

当前对教育事业的定位。我国的教育发展到现在，逐渐强调人的德智体美劳的全面发展，实际上就是促进人的全面发展，社会主义事业的发展也是全面的、而非片面的发展，因此两者在这一方面是相同的、一致的。这既是社会主义本质特征的重要表现，也是我们实现社会主义现代化的必然要求，从根本上而言，这也是我们强调以人为本的根本体现，社会主义市场经济发展得越完善，越要求人的全面发展，两者共同促进、共同发展。

3. 新时期党的教育方针要求教育为中国特色社会主义事业服务

党的十八大以来，中国特色社会主义进入了新时代，在"五位一体"总体布局与"四个全面"战略布局中，教育事业的发展占据着越来越重要的地位，党和国家不断对教育的发展做出重要部署，不断深化教育领域的改革，促进了教育事业的向前发展，也提出了更加具体的要求，其中，习近平总书记的论述十分重要，代表了党和国家对教育事业未来发展的基本定位，具有很强的针对性。习近平总书记在 2018 年 9 月 10 日的全国教育大会上，特别强调要"坚持中国特色社会主义教育发展道路"，要让教育事业的发展为我国的现代化建设增添强大的动力①。

党的十九大确立了习近平新时代中国特色社会主义思想为党的指导思想，明确坚持和发展中国特色社会主义的总任务是实现社会主义现代化和中华民族伟大复兴，在全面建成小康社会的基础上，分两步走，在 21 世纪中叶建成富强民主文明和谐美丽的社会主义现代化强国。在教育事业方面，也相应地做出了重大战略部署。首先，进一步明确了教育的根本任务是培养社会主义建设

① 习近平在全国教育大会上强调　坚持中国特色社会主义教育发展道路　培养德智体美劳全面发展的社会主义建设者和接班人［N］. 人民日报，2018 - 09 - 11（1）.

者和接班人，要使他们拥护党的领导，拥护社会主义制度，并且为中国特色社会主义的发展奋斗终身。其次，就整个教育事业而言，"两个一百年"奋斗目标，必须成为教育事业未来发展的目标，所有教育事业活动的开展，都必须围绕这个重大目标而展开，不能偏离这个重大目标，必须将实现中华民族伟大复兴作为教育事业发展的重要使命，一定要从根本上促进社会主义现代化建设的开展，早日实现教育的现代化。再次，要把立德树人的根本任务融入教育事业的各个领域，要注重各个领域的共同发展，即注重人的全面发展，要特别培养人的劳动精神，引导人才养成爱劳动、会劳动、懂劳动的良好习惯，促使他们能够真正投入劳动中去。最后，我们必须要明白，我国仍处于并将长期处于社会主义初级阶段，因此，促进人的全面发展，依然是一项长期而艰巨的任务，不可急功近利，不可忽视长远目标，要将长远目标与短期目标相结合，形成更加全面的人才培养体系，坚持以人为中心，注重人在教育事业的地位，注重人对于教育发展成果的享受，从而更好地促进教育事业的整体发展。

2019 年 3 月 18 日，习近平总书记在学校思想政治理论课教师座谈会上指出："办好思想政治理论课，最根本的是要全面贯彻党的教育方针，解决好培养什么人、怎样培养人、为谁培养人这个根本问题。我们党立志于中华民族千秋伟业，必须培养一代又一代拥护中国共产党领导和我国社会主义制度、立志为中国特色社会主义事业奋斗终身的有用人才。在这个根本问题上，必须旗帜鲜明、毫不含糊。"① 这一论述从根本上为我国教育事业的发展指明了根本方向，符合我国的基本国情，是对马克思主义关于教

① 习近平主持召开学校思想政治理论课教师座谈会强调　用新时代中国特色社会主义思想铸魂育人　贯彻党的教育方针　落实立德树人根本任务 [N]. 人民日报，2019 - 03 - 19 (1).

育理论的重要继承与发展，是新的历史条件下符合我国未来发展方向的根本性指导意见，也为中共中央、国务院发布《中国教育现代化 2035》及中共中央办公厅、国务院办公厅印发《加快推进教育现代化实施方案（2018—2022 年)》提供了重要依据，成为新时代我国教育发展的根本方向。

## 二、教育系统是学习、宣传和研究中国特色社会主义制度体系的重要阵地

习近平总书记在全国高校思想政治工作会议上指出："各门课都要守好一段渠、种好责任田，使各类课程与思想政治理论课同向同行，形成协同效应。"[1] 我们必须充分利用好每一个教育阵地，充分开展中国特色社会主义制度体系的宣传、学习与研究。

1. 教育系统是学习中国特色社会主义制度体系的重要阵地

教育系统是促使青少年学习中国特色社会主义制度体系的重要阵地，对青少年进行中国特色社会主义制度体系教育也同其他教育活动一样，必须坚持从青少年学生的实际出发，理论联系实际，加强针对性，讲究教育形式和方法，防止和克服形式主义，才能取得最佳教育效果，从而促进他们学懂中国特色社会主义制度体系。根据青少年学生的特点及当前开展中国特色社会主义制度体系教育的实际情况，应突出以下几个方面的教育重点。

第一，加强正面疏导，教育青少年学生要毫不动摇地坚持和发展中国特色社会主义。要让青少年明白什么是中国特色社会主义，怎样坚持和发展中国特色社会主义，这是正面疏导的基本内

---

[1] 习近平在全国高校思想政治工作会议上强调　把思想政治工作贯穿教育教学全过程　开创我国高等教育事业发展新局面 [N]. 人民日报，2016 - 12 - 09 (1).

容。具体而言，首先要让青少年明白中国特色社会主义的基本内容，要结合习近平新时代中国特色社会主义思想，向青少年阐释中国特色社会主义发展的未来走向，要让青少年明白为何中国只能走中国特色社会主义道路。其次要让青少年了解清楚中国的基本国情，了解中国的发展现状，通过让青少年了解我国的基本国情，让他们了解如何从我国的基本国情出发，如何从实际出发去思考我国未来如何发展，同时也让他们了解到我国发展存在哪些困难，存在哪些重大的挑战，存在哪些重大的风险，让他们认识到现实的基本情况，也更能够增强他们对于中国特色社会主义的认同感，让他们更加明白只有走中国特色社会主义道路，中国的未来发展才能看到希望，也更能够让他们坚定社会主义初级阶段基本路线的正确性。最后，一定要让他们了解到中国共产党领导是中国特色社会主义最本质的特征，也是中国特色社会主义制度最大的优势，让他们更加了解中国共产党的宗旨、纲领、历史等等，让他们更加拥护中国共产党，更加相信只有在中国共产党的领导下，中国特色社会主义才能最终实现其宏伟的目标，中华民族伟大复兴才能真正迎来实现的曙光。

第二，加强唯物辩证法教育，启迪青少年学生正确认识中国特色社会主义。目前，我国已进入改革发展的深水区，改革带来空前的社会变革，也必然带来各种矛盾和问题，对此，少数青少年学生难以运用马克思主义的唯物辩证法来观察和分析，从而对中国特色社会主义制度体系的信念发生动摇。因此，对青少年学生加强唯物辩证法的教育，才能从根本上坚定青少年学生对中国特色社会主义制度体系的信念。首先，要启迪青少年学生在看问题时客观全面，不能只看问题与不足，却忽视了中国特色社会主义所取得的伟大成就，要看到中国特色社会主义的内在本质，看到未来发展的良好前景。其次，要启迪青少年学生看问题时采用联系的方法，明确中国特色社会主义制度体系在前进中出现的问题或失误，其内在原因是多层次、多方面的，而绝不仅仅是单一的；要学会具体情况具体分析，不能用单一的眼光去分析其中的问题，更不能把其中的问题简单归于某一种原因，要能够正确区分是与非。再次，要启迪青少年学会透过现象看本质，通过寻找事物的本质解决所发生的问题，不能只看到发展现象的表面情况，对于出现的问题要做深层次的分析，加深对中国特色社会主义制度体系的理解与认识。最后，要启迪青少年学会利用矛盾分析法，运用发展的观点去分析问题，勇于去发现中国特色社会主义发展过程中存在的问题，同时不断吸取经验教训，利用自己的知识与专业理论解决现实问题，真正为中国特色社会主义的发展贡献自己的力量。

第三，加强践行教育，引导青少年自觉维护中国特色社会主义制度体系。思想理论必须转化为具体的实践，针对青少年的教育也必须让他们学会实践，学会付诸行动，也必须引导他们的实践，避免他们走向歧途，这正是践行教育所需要做到的。引导青少年的实践活动，首先需要帮助青少年树立根本的原则与立场，即必须以人民群众的根本利益为自己行动的准则，必须坚持对中国特色社会主义的理想信念，坚持在党的领导下，践行党的路线方针政策，在思想上、行动上同党和国家保持高度一致。其次需要帮助青少年树立大局意识，从全局出发、从国家的发展大局出发思考问题，展开自己的实践活动，既要为国家的发展做贡献，也要顾全大局，维护好国家的整体利益。然后需要引导青少年勇于坚持原则，诚心正气，对于党在国家的发展历程中所起的核心领导作用有着正确的认识，并将这种正确认识传播给社会大众，尽自己最大的努力引导身边的人树立坚定的政治立场；保持自身敏锐的洞察力，肃清各种错误思潮的影响，不传播各种错误思潮，不犯政治上的自由主义错误，更不偏听偏信，人云亦云乃至随波逐流；同时，要练就一身正气，敢于同破坏社会稳定的错误思潮作斗争，尤其是要同针对我国发展恶意传播关于我国现状的错误思潮作坚决的斗争，坚决捍卫中国特色社会主义的稳定发展。

第四，利用好各学科课堂，将其作为指导青少年学习中国特色社会主义制度体系的重要载体。习近平总书记强调："经济建设是党的中心工作，意识形态工作是党的一项极端重要的工作。"①对于学生而言，要学习党的理论、路线、方针、政策，离不开思想政治理论课教师的指引。思想政治理论课教师是这些重大内容的宣讲者，因此必须提高这支队伍的教育素质和能力，尤其是关于意识形态领域方面的相关理论讲解的能力。这主要表现在三个方面：一是提升马克思主义理论素养。马克思主义是党和国家发展的根本指导思想，也是高校思想政治理论课的核心教育内容，在意识形态领域居于指导地位。思想政治理论课教师必须首先完善自身，提升自己的理论素质，并系统深入掌握马克思主义科学理论体系，真学、真懂、真信、真用，不断提升从学科上、学术上运用马克思主义理论引领社会思潮的能力，并提升自身利用科学理论解答学生成长过程中困惑的能力。二是提升推进"三进"②工作能力。思想政治理论课教师是高校开展马克思主义理论宣传教育的主体力量，必须扎实做好党的理论创新成果的"三进"工作。要讲好用好新版思想政治理论课教材，根据人才培养相关要

① 习近平在全国宣传思想工作会议上强调　胸怀大局着眼大事　努力把宣传思想工作做得更好［N］. 人民日报，2013－08－21（1）.
② "三进"即推动党的十九大精神进教材、进课堂、进头脑。

求，把教材体系转化为教学体系；同时，要结合学生特点和学生思想实际，完成教学体系向知识体系和价值体系的转化，最终实现习近平新时代中国特色社会主义思想进学生头脑的目标。三是提升培训实效。加强培训是高校思想政治理论课教师提升马克思主义理论素养、提升推进党的理论创新成果"三进"工作能力的重要方法和途径。要不断完善思想政治理论课教师培训体系，重点深化岗前培训、课程轮训、骨干教师研修和在职培训，努力使培训工作经常化、制度化，提高教师的理论素养、教学水平和育人水平。同时，其他各门各类课教师要把意识形态教育融入课程教学。除思想政治理论课之外，其他各门各类课程教师也都要学会挖掘自身所授课程中所蕴含的思想政治教育资源，并在课堂上结合每门课程具体内容，从不同学科、不同专业角度，发挥好各门课程的育人功能。提高其他各门各类课教师社会主义意识形态的教育素质和能力，必须抓好"课程思政"建设，把意识形态教育融入课程教学。一要牢固树立"课程思政"理念。我们的高校是中国共产党领导的高校，必须坚持以马克思主义为指导，为人民服务，为中国共产党治国理政服务，把立德树人的成效作为检验学校一切工作的根本标准。高校教师要从立德树人的高度提升和深化对"课程思政"的认识，主动将"课程思政"内化为自身的教育理念和思想，把思想政治工作贯穿教育教学全过程，坚持好人才培养的辩证法，做到以树人为核心，以立德为根本。二要准确把握"课程思政"内容。所有课程都有自身独特的知识体系，"课程思政"不是简单地将课程"思政化"或者"去知识化"，包括思想政治理论课在内的所有课程在融入"课程思政"建设的过程中，并没有改变课程自身的学科专业属性，而是更多强调教师要在课堂教学中，把社会主义核心价值观的要求、把实现中华民族伟大复兴的理想信念有机融入各类课程教学，使思想政治教育与知识体系教育实现统一，构建"全课程育人"体系。三要创新"课程思政"方法。针对不同授课对象和具体问题，教师必须创新教学方法。教师搞"课程思政"建设，重点是要实现思想政治教育元素的有机融入和润物无声，提升课程的感染力和实效性。教师要根据课程和学生特点，运用学生喜闻乐见的语言，运用多种方式方法，使思想政治教育元素真正活起来，与课程知识有机交融，在学生头脑中产生"化学反应"，提升课堂效果。

正如习近平总书记在全国高校思想政治工作会议上强调的："我国有独特的历史、独特的文化、独特的国情，决定了我国必须走自己的高等教育发展道路，扎实办好中国特色社会主义高校。"[1] 办好中国特色社会主义教育必须牢牢扎根于中国大地，要始终坚持一切从中国实际和中国国情出发，继承而不守旧，借鉴而不照搬，追赶而不追随。习近平总书记强调指出："'两个一百年'奋斗目标的实现、中华民族伟大复兴中国梦的实现，归根到底靠人才、靠教育。"[2] 要完成社会主义现代化建设，实现中华民族伟大复兴，必须依靠人才力量的强大推动力，这也是我国发展对于教育事业所提出的重大历史使命，这是教育事业发展的重大机遇，同时也是一种重大挑战，为此，我们的教育发展与人才培养也必须履行这一使命。习近平总书记还指出："社会主义核心价值观是当代中国精神的集中体现，凝结着全体人民共同的价值追求。"[3]

① 习近平在全国高校思想政治工作会议上强调　把思想政治工作贯穿教育教学全过程　开创我国高等教育事业发展新局面 [N]. 人民日报，2016-12-09 (1).

② 习近平. 做党和人民满意的好老师：同北京师范大学师生代表座谈时的讲话 [N]. 人民日报，2014-09-10 (2).

③ 习近平. 决胜全面建成小康社会　夺取新时代中国特色社会主义伟大胜利：在中国共产党第十九次全国代表大会上的报告 [N]. 人民日报，2017-10-28 (1).

培养"时代新人"，必须使"时代新人"具备"当代中国精神"，必须学会"担当民族复兴大任"，这样的"时代新人"，才能够引领人民群众树立坚定的信心，并不断提升自身的素质，以便更好地投身于实现民族复兴的伟业中①。加强青少年对中国特色社会主义制度体系的学习，是教育事业发展所要担负的重任，只有肩负起这一重任，青年才能真正成为"时代新人"，中国特色社会主义的发展才能有真正牢固的保障。

2. 教育系统是宣传中国特色社会主义制度体系的重要阵地

中国特色社会主义制度体系涉及中国特色社会主义发展的许多领域，与人民群众的生活息息相关，也与青少年的未来个人成长与发展息息相关，因此，有必要做好中国特色社会主义制度体系的宣传工作，让人们尤其是广大青少年能够真正认识这一制度体系，从而将自身的发展与这一制度体系的完善发展联系起来，而教育正是十分有效的途径，能够潜移默化地让广大青少年认识这一制度体系，并影响到他们的人生成长与发展。

一般来说，宣传具有一定的目的性，达到了一定的宣传目的，宣传才能算得上有所成效。因此，要充分认识到宣传中国特色社会主义制度体系的实际作用，才能够更好地通过教育来进行中国特色社会主义制度体系的宣传。从当前情况看，通过教育对青少年进行中国特色社会主义制度体系的宣传，其实际作用主要表现在以下几个方面。

一是对青少年进行中国特色社会主义制度体系教育，有利于帮助青少年牢固树立对中国特色社会主义的共同理想和坚定信念。社会主义拯救了迷茫中的中国和中国人民，中国特色社会主义为

① 戴木才. 培养担当民族复兴大任的时代新人 [J]. 道德与文明，2017 (6).

迷茫中的中国和中国人民提供了一条适合自身发展的道路。只有走中国特色社会主义道路，当代中国才能够真正实现国家富强、民族振兴、人民幸福，这是被中国近代以来 180 余年的发展历程所证明的。也正是这 180 余年艰苦的奋斗历程，促成中国共产党带领全国人民努力探索出了这一条能够真正使中国走向民族复兴梦想的道路，这一切都是被实践证明了的。在无数国内国际的风险与挑战面前，正是在这一制度的保障下，党才能够领导全国人民迎难而上，解决一个又一个难题，没有这一制度的根本性保障，是绝不能解决这些难题的。因此，青少年必须坚定对这一制度的根本信念，遵循这一制度，为中国特色社会主义的发展贡献自己的力量，我们的教育事业也必须引导他们树立这一根本信念与远大理想。

二是对青少年进行中国特色社会主义制度体系教育，有利于增强青少年落实习近平新时代中国特色社会主义思想的自觉性。习近平新时代中国特色社会主义思想回答了"新时代坚持和发展什么样的中国特色社会主义、怎样坚持和发展中国特色社会主义"的重大时代课题，更加深化了对中国特色社会主义的认识，对于中国特色社会主义制度的发展也提出了许多重大的新论断，这既是理论上的继承与发展，也是未来实践的具体指导。对这一新的重大理论的落实，必须抓住其核心的问题，也就是这一理论本身所回答的主要问题，深化了对这一主要问题的认识，才能够更好地认识与理解这一重大理论。同时，要增加青少年对落实这一重大理论的自觉性，也必须从根源上入手。考虑到不同年龄、认知水平的青少年，对于这一重大理论的落实肯定会面临不同的现实困境，从根本问题上入手，也能够很好地弥补这些天然存在的差距，从而增强青少年整体对于这一重大理论的落实。因此，对关于中国特色社会主义制度的内容进行宣传，能够帮助青少年从根本上理解习近平新时代中国特色社会主义思想，还能够照顾到他们本身实际的认识水平，从而更好地帮助他们落实这一重大理论。

三是对青少年进行中国特色社会主义制度体系教育，有利于增强青少年对党的认同感。青少年阶段是人的成长历程中的关键时期，由于在认知能力上所存在的缺陷，很容易受到一些错误思想的影响，从而导致自己在对一些基本问题的认识上产生重大的偏差。极少数青少年缺乏对于党的正确认识，主要表现为缺乏深刻的了解，对于党的基本情况、党的基本纲领等基本问题的认识还处于十分浅薄的阶段，这无疑会影响青少年对于党的信任程度，从而影响到他们对党的认同感。教育事业正好可以起到桥梁的中介作用，促进青少年对于党的了解与认知。对青少年进行关于中国特色社会主义制度的教育，必须集中时间，抓住主要的内容，有计划、有目的地引导青少年，塑造他们对于中国特色社会主义制度的正确认知，不能一味地强调理论上的灌输，要结合实际情况、结合他们的认知能力与实际生活经历，生动活泼地帮助他们建立对于党的高度认同感，帮助他们警惕错误思想的荼毒，帮助他们消除对于党和中国特色社会主义制度的错误认识，帮助他们正确认识问题、分析问题、解决问题，避免他们走向极端化，这样才能够坚定青少年对党的热爱、理解和信任，从而帮助他们成为国家建设与发展的生力军。

四是对青少年进行中国特色社会主义制度体系教育，有利于繁荣社会主义文化。实现中华民族伟大复兴的一个重要标志就是文化强盛。在庆祝改革开放 40 周年大会上，习近平总书记豪迈地宣布："我国日益走近世界舞台中央，成为国际社会公认的世界和平的建设者、全球发展的贡献者、国际秩序的维护者!"① 在国际舞台上,中国正在展现出新的、强大的文化形象。文化强盛既表现在凝聚民族思想精华、丰富人民精神生活的内部力量上,也表现在吸收世界先进思想并且影响世界思想走向和文化潮流的外部力量上。文化强盛最为根本和最为核心的,是人的自由全面发展。教育与政治、经济和文化相呼应,从思维框架、话语表达到日常行动,呈现出相应的阶段性特征②。

五是对青少年进行中国特色社会主义制度体系教育,有利于提升国家文化软实力。文化软实力在综合国力的竞争中逐渐扮演着更加重要的角色,并且逐渐成为衡量一个国家综合国力的重要标准。文化软实力的提升,离不开全体国民文化水平的提高。要达到这一标准,也必须依赖于教育事业的快速发展。就教育事业来说,文化软实力一般会表现在整体教育水平的高低,尤其是高等教育的水平。高等教育承载着一个国家的高端人才的培养工作,高等教育水平的高低意味着一个国家能否在国际竞争中赢得更多的人才资源,一旦高等教育搞得不好,许多人才资源会流向其他国家,从而造成本国人才资源的流失。高等教育的发展还能够最大限度使一个国家在核心科技领域的争夺中占据主导地位,而这一领域的争夺甚至会直接关系到国家利益的得失。除此之外,教育在文化软实力上的提升还涉及十分重要的意识形态阵地以及国际话语权的争夺,中国特色社会主义制度是中国的根本性制度,关系到国家发展的根本方向,一旦青少年对于中国特色社会主义制度的认识产生了偏差,在意识形态阵地的争夺中我们就会丧失

---

① 习近平. 在庆祝改革开放 40 周年大会上的讲话 [N]. 人民日报,2018 - 12 - 19 (2).
② 教育部课题组. 深入学习习近平关于教育的重要论述 [M]. 北京:人民出版社,2019:124.

主导权。同时，文化软实力相对于文化硬实力，更能够经得起检验，更能够在重大的风险挑战面前经得起考验，而中国特色社会主义制度同样也是如此，在危急的关头，我们的制度优势将会得到极大的检验，也更加证明我们的制度是适合我国国情的。

六是对青少年进行中国特色社会主义制度体系教育，有利于守住意识形态前沿阵地。习近平总书记始终强调我国的教育事业一定要坚持社会主义办学方向，这涉及根本性的问题，即教育事业必须同中国特色社会主义的发展保持一致，不能偏离这个根本方向。我国的各级各类教育在意识形态领域的工作依然任重道远，尤其是我国的高等教育，在这一问题上依然有着大量的工作需要不断完善，我国高校承担着国家绝大多数的科研工作，掌握着国家未来发展的有益建议与对策，因此，这一意识形态的阵地不能出现问题。在全球化的背景下，各种思想文化的交流越来越频繁，高校的国际交流也越来越频繁，这无疑给高校的意识形态工作带来了巨大的挑战。习近平总书记明确指出要牢牢掌握党对高校工作的领导权，关键是要确保高校始终成为"坚持党的领导的坚强阵地"和"培养社会主义事业建设者和接班人的坚强阵地"①。要坚守这样的阵地，关键还是在于把高校思想政治工作落到实处，提升高校思想政治工作的实效性，尤其是在思想引领与价值塑造方面，党一定要牢牢掌握领导权，要使根本方向不能出错。我们要加强对师资队伍的管理，保证教师队伍的纯洁性，从而保证受教育者能够获得正确的教育内容。同时，我们要时刻警惕各种错误思潮的影响，有效防范错误思潮带来的消极影响，防止错误思潮误导人心。除此之外，我们还要加强对各个教育环节的监督与

---

① 习近平在全国高校思想政治工作会议上强调　把思想政治工作贯穿教育教学全过程　开创我国高等教育事业发展新局面［N］. 人民日报，2016 - 12 - 09（1）.

管理，切勿让错误思潮有渗透的可能性，尤其是各种讲座、论坛、报告会等思想宣传形式，防范敌对势力以这些活动为掩饰来攻击我们的意识形态领域。我们也要帮助学生回答一些深层次的理论问题，帮助他们答疑解惑，不被错误思潮蛊惑。

我们必须把意识形态工作的领导权、管理权、话语权牢牢掌握在手中，任何时候都不能旁落，否则就要犯无可挽回的历史性错误。高校是发展社会主义意识形态的重要阵地。新时代高校老师既要传播知识与先进思想，又要尝试塑造青少年的灵魂，赋予青少年更多生命的意义教育，真正地把青少年塑造好。这支队伍无疑是做好青少年学生社会主义意识形态教育的关键力量。高校教师必须结合所教授课程特点开展思想政治工作，提升社会主义意识形态教育的针对性和实效性。

3. 教育系统是研究中国特色社会主义制度体系的重要阵地

事物是不断向前发展的，如果不紧跟时代发展的步伐，不断创新与发展，那么事物最终会被时代发展淘汰，并失去其原有的价值。中国特色社会主义制度体系已经被证明是适合中国基本国情的，能够促进中国特色社会主义的不断发展，并且推动实现中华民族伟大复兴与"两个一百年"奋斗目标。在未来的征程中，风险与挑战依然存在，这也对中国特色社会主义制度体系提出了新的要求，这一制度体系必须紧跟时代发展的步伐，不断依据中国特色社会主义的发展做出相应的创新，从而更好地促进中国特色社会主义的发展，这也正是我们要不断深入研究中国特色社会主义制度体系的现实需要，我们的研究跟上了，才能够使这一制度体系在面临风险与挑战时披荆斩棘，从而使这一制度体系不断完善与发展。

习近平总书记多次强调教育事业要为现实需要服务。研究中国特色社会主义制度体系正是我国发展的重大现实需要，因为这关系到我国是否能够真正建立具有中国特色的哲学社会科学，关系到我国能否在国际上建立起具有中国特色的话语体系，关系到我国能否真正地在国际交流中展示出中国智慧与中国方案。改革开放以来，中国特色社会主义制度体系一直处于不断完善与发展的过程，中国共产党人在实践中不断进行深入的摸索与探究，才逐步形成了一整套稳定的制度体系。这一过程同样离不开理论上的支撑。中国特色社会主义制度体系的完善与发展离不开众多理论工作者的巨大贡献，各个学科领域的学者不断在自身所处的领域对中国特色社会主义制度体系展开深入的、持续的研究，并取得了许多重要的成果，这些成果的出现为中国特色社会主义制度体系的完善与发展提供了重要的参考，使中国特色社会主义制度体系能够从摸索的状态逐渐过渡到稳定的状态，而这一切离不开教育事业发展来作为重要支撑。

教育事业的发展为研究中国特色社会主义制度体系提供了重要的基础，首先是大量的基础性人才，研究中国特色社会主义制度体系，必须有着坚实的人才基础，这是由于中国特色社会主义制度体系是一个十分庞大的体系，涉及许多不同的学科与领域，要使对其的研究更加深入与透彻，就必须展开多学科的、多种方法并用、多种视角并行的研究，只有这样，对中国特色社会主义制度体系的研究才能够更加贴近中国特色社会主义发展的实际需要，也才能够达到其研究的根本目的。而要做到这一点，就必须有多学科多领域的人才关注这一研究领域，需要大量的人才作为坚实的基础。如果没有教育事业的发展，也就没有基础性的人才储备，也就没有长远的人才输送，这无疑会影响对中国特色社会主义制度体系的研究。其次是教育体系的不断完善使展开对中国特色社会主义制度体系的研究有了更加明确的方向。由于中国特色社会主义制度体系涉及中国社会发展的各个领域，要想对这一体系展开深入的研究并取得实际效果，就必须对其进行精细的划分，从而使我们对中国特色社会主义制度体系的专题研究开展得更加具有针对性，使我们的研究真正地直接运用到中国特色社会主义发展的实践中，而教育体系的不断完善也就为这一目标提供了很好的契机。我国教育事业尤其是高等教育的发展，使学科划分与学术领域划分不断完善，越来越多地与中国特色社会主义发展相关的学科领域在不断完善与发展，这无疑为研究中国特色社会主义制度体系提供了很好的基础性平台，也促进了我国学科领域的不断完善与发展。同时，教育事业的快速发展还使对中国特色社会主义制度体系的研究成果更加便捷地运用到实际发展中去，大量的研究成果在各个不同的教育平台被传授给学生，指导着他们未来的人生发展方向，使这些研究成果直接作用于社会的实际发展，这无疑达到了研究中国特色社会主义制度体系的根本目的。

研究中国特色社会主义制度体系，需要始终坚持正确的方向，保持与教育事业相同的发展方向，为教育事业的发展提供动力。习近平总书记在哲学社会科学工作座谈会上指出："要按照立足中国、借鉴国外，挖掘历史、把握当代，关怀人类、面向未来的思路，着力构建中国特色哲学社会科学，在指导思想、学科体系、学术体系、话语体系等方面充分体现中国特色、中国风格、中国气派。"[1] 教育事业的发展要体现出中国特色，研究中国特色社会主义制度体系，要使我们的研究成果真正地为中国特色社会主义

---

① 习近平. 在哲学社会科学工作座谈会上的讲话 [N]. 人民日报，2016-05-19 (2).

的发展服务，能够建立起真正的中国特色社会主义话语体系，使中国特色社会主义的发展为我国综合国力的增强提供强大的保障，从而在面临国际国内的风险与挑战时能够站稳脚跟，持续地推进实现中华民族伟大复兴与"两个一百年"奋斗目标。习近平总书记还强调："我国广大哲学社会科学工作者要自觉坚持以马克思主义为指导，自觉把中国特色社会主义理论体系贯穿研究和教学全过程，转化为清醒的理论自觉、坚定的政治信念、科学的思维方法。"[1] 研究中国特色社会主义制度体系，必须坚持以马克思主义为指导思想，坚持教育事业发展的根本方向。

## 三、中国特色社会主义教育必须培养社会主义接班人

教育目的在一定程度上是由社会制度决定的，教育事业的发展必须为国家和民族的发展服务。中国是中国共产党领导的社会主义国家，教育事业的发展必须致力于培养社会主义建设者和接班人，这是根本任务，也是主要目标；这些人才必须拥护党的领导，拥护社会主义制度，并立志为中国特色社会主义事业奋斗终身。

"我们的高校是党领导下的高校，是中国特色社会主义高校。办好我们的高校，必须坚持以马克思主义为指导，全面贯彻党的教育方针。"[2] 习近平总书记的这两句话告诉我们，教育必须与我们的社会主义制度契合，必须为社会主义制度服务。

---

[1] 习近平. 在哲学社会科学工作座谈会上的讲话 [N]. 人民日报，2016-05-19 (2).
[2] 习近平在全国高校思想政治工作会议上强调 把思想政治工作贯穿教育教学全过程 开创我国高等教育事业发展新局面 [N]. 人民日报，2016-12-09 (1).

党的十八大报告提出把立德树人作为教育的根本任务①。习近平总书记也多次在不同场合尤其是在多个大中小学、在与师生交谈时，不断深入阐述立德树人的重要性和具体措施。例如：希望"学校承担好立德树人、教书育人的神圣职责，着力培养造就中国特色社会主义事业合格建设者和接班人"②；提出"要全面贯彻党的教育方针，落实立德树人根本任务，发展素质教育，推进教育公平，培养德智体美全面发展的社会主义建设者和接班人。"③ 这些论述体现了习近平总书记对于全国教育工作者的更高要求。

培养社会主义建设者和接班人，是党和国家赋予教育战线的重大任务，是党的教育方针的明确要求，是教育工作的根本任务。

青少年一代的价值取向如果出现了重大问题，那么未来整个社会的价值取向也会走向错误的边缘，也会影响一个国家和民族的持久竞争力。我国教育要培养的是社会主义建设者和接班人，是对中国特色社会主义有着坚定信念的人。教育工作必须坚定地讲政治，引导广大青少年树立信念坚定跟党走，牢固树立"四个意识"，坚定"四个自信"。青少年是实现中华民族伟大复兴的主要生力军和中坚力量，并都将参与到"两个一百年"奋斗目标的历史进程中。要深刻认识到，青少年的精神状态和综合素质，将直接影响中华民族伟大复兴的进程。要教育广大青少年将个人理想同国家民族的前途命运联系在一起，坚定信念，增长知识才干，肩负起民族复兴的时代重任。要切实扭转重教书、智育、科研，

---

① 胡锦涛．坚定不移沿着中国特色社会主义道路前进　为全面建成小康社会而奋斗：在中国共产党第十八次全国代表大会上的报告［N］．人民日报，2012－11－18（1）.

② 习近平总书记给中央民族大学附属中学全校学生的回信［N］．人民日报，2013－10－07（1）.

③ 习近平．决胜全面建成小康社会　夺取新时代中国特色社会主义伟大胜利：在中国共产党第十九次全国代表大会上的报告［N］．人民日报，2017－10－28（1）.

轻育人、德育、教学的现象，教育工作要把培养社会主义建设者和接班人作为根本纲领，并将其作为落实党的教育方针的根本要求，作为各级各类学校的共同使命，切实增强政治自觉、思想自觉、行动自觉。

培养合格的社会主义建设者和接班人，主要从以下几个方面出发：

1. 树立坚定的理想信念

习近平总书记指出，广大青少年要勇敢肩负起时代赋予的重任，把理想信念建立在对科学理论的理性认同上，建立在对历史规律的正确认识上，建立在对基本国情的准确把握上。要培养新时代的青年人才，必须加强对他们的理论教育，尤其是马克思主义理论教育；加强他们历史方面的教育，尤其是关于中国的近代历史、社会主义的发展历史以及重大历史事件的教育；还要培养他们对于时事政治的理解能力，增加他们的洞察力，帮助他们认清世界和国家的发展大势，从大局势中把握中国特色社会主义发展的基本规律，认识到中国特色社会主义为何在中国取得了成功以及它的历史必然性，以此增强他们对于共产主义远大理想的信念与信心。

在党的十九大报告中，习近平总书记指出，人民有信仰，国家有力量，民族有希望，必须"广泛开展理想信念教育"①。2013年5月4日，习近平总书记在同各界优秀青年代表座谈时指出："广大青年一定要坚定理想信念。'功崇惟志，业广惟勤。'理想指引人生方向，信念决定事业成败。没有理想信念，就会导致精神上'缺钙'。"② 这对全中国的广大青少年提出了努力的方向和前

---

① 习近平. 决胜全面建成小康社会　夺取新时代中国特色社会主义伟大胜利：在中国共产党第十九次全国代表大会上的报告 [N]. 人民日报，2017－10－28 (1).

② 习近平. 在同各界优秀青年代表座谈时的讲话 [N]. 人民日报，2013－05－05 (2).

进的动力。

青少年必须牢固树立远大的理想，那就是实现中华民族伟大复兴，同时也必须树立牢固的人生信念，那就是对中国特色社会主义的坚定信念，要对中国特色社会主义的道路、理论、制度、文化有着高度的自信，用这种自信去为自己的青春增添无限的精彩，为实现伟大的中国梦增添强大的动力。

一是要加强马克思主义中国化理论的相关教育。这关系到社会主义核心价值体系的教育，社会主义核心价值体系就是马克思主义中国化的重要理论成果，也是当代青少年树立正确世界观、人生观和价值观的重要思想来源。马克思主义中国化理论代表了中国发展的实际状况，有利于青少年很好地了解中国发展的现实情况，能够更好地帮助青少年了解中国特色社会主义发展的实际状况，从而更加坚定地树立关于中国特色社会主义的共同理想。对于教育事业而言，加强马克思主义中国化理论的教育，能够更加深入地推进马克思主义理论的育人工程，这能够极大地达到马克思主义理论学科建设的目的，从而把马克思主义理论学科建设好。同时，我们也要注重开展时政内容的教育，开展国情国防内容的教育，开展革命传统的教育，开展关于改革开放史的教育，让青少年能够明白现实的问题从何而来，如何去解决。尤其是针对一些重大的热点问题，这些热点问题极易使青少年的理想信念产生偏差，因此必须在这些重大问题上帮助青少年认清事情的本质特征。在重大理论问题上，也必须教导青少年与错误思潮划清界限，注意灰色地带对青少年的消极影响，帮助他们抵制各种错误思潮。

二是要引导大学生树立对党的信仰。教育尤其是高等教育对一个人信仰的形成起着十分关键的作用，教学管理者要学会用正确的方式去引导学生的意识，用主流的意识去纠正学生在自我成长过程中可能出现的偏差；要发挥社会舆论的正面引导作用，使学生在成长过程中逐渐形成对社会发展现状的正确认识。在信息网络十分发达的现代社会，许多不符合中国实际、对中国实际错误解读的思潮极易在网络传播开来，从而导致一些人对中国发展的现状产生误解，这就是意识形态领域的渗透，是对人们思考能力与认知能力的错误定性，这不仅会影响到他们个人的成长与发展，更会阻碍国家的发展。学生的认知能力极易受到这些错误思潮的影响。作为学生成长过程中引导者，教师必须时刻注意学生可能产生的错误思想，学会利用现实的例证去引导学生对社会发展的实际状况形成正确的认识，帮助他们认识到西方错误思潮的本质，避免他们的思想状况出现重大的偏差。在这一过程中，教师不应该只是纠正学生可能出现的偏差，还必须把他们引向正确的思想轨道，使学生逐渐树立对中国特色社会主义和共产主义的理想与信念，投身于实现中华民族伟大复兴的征程中。

2. 厚植爱国主义情怀

爱国主义情怀能够成为一种持久的精神动力，帮助青少年成长成才，使他们对祖国产生深厚的感情。从中华民族五千多年的发展历程来看，爱国主义一直激励着广大中华儿女为强大的集体贡献自己的力量，这也是中华民族始终生生不息的重要原因。当代中国的爱国主义，最显著的表现就是投身于实现中华民族伟大复兴的征程中去，把这一伟大的目标当成自己的终生目标。因此，我们的教育事业需要引导青少年树立正确的国家观与民族观，要教导他们爱祖国、爱中华民族、拥护中国共产党，把爱国与爱党、爱社会主义结合起来，把自己对国家深厚的感情外化为实际行动，把自己的理性认识转化为积极的实践活动，为国家的发展和人民的幸福贡献自己的力量。

一是坚持马克思主义指导地位。教育系统要牢牢巩固马克思主义的指导地位，把马克思主义基本理论教育落到实处，让中国特色社会主义理论体系学习教育能够"活"起来，广泛深入各级教育中，并让学生能够学懂马克思主义，能够真正领悟马克思主义的真理。把马克思主义学院建设好，把马克思主义理论学科办好，更加深入地开展马克思主义理论研究和建设工程，不断展现马克思主义中国化最新成果。将习近平新时代中国特色社会主义思想和党的十九大精神真正贯彻到马克思主义理论学科建设的每一个环节中，不仅仅发挥其指导作用，更要对其展开更加深入的研究，从而切实把广大师生的思想和行动统一到党中央决策部署上来。

二是不断改进高校思想政治工作。高校思想政治工作必须不断加强而不能削弱，同时必须有所作为而不能只是被动应付，只有这样，高校思想政治工作才会稳步发展。要深入贯彻落实全国高校思想政治工作会议精神，提升高校思想政治工作质量，把育人效果贯穿到全员、全过程与全方位。从高级到初级、从深入到浅出、从老师到学生，要形成完整的课程体系，把思政课上得更好。要全面落实意识形态工作领域的责任制，把领导权、主导权、话语权紧紧握在各级党委手中，确保党对意识形态工作的领导权。

三是不断传承弘扬中华优秀传统文化。要深入挖掘和阐发中华优秀传统文化中符合现代社会发展、具有重大时代价值的内容，例如大同社会、仁爱诚信等等，使之转化为青少年学生价值观教育的丰富营养。要深入开发我国优秀传统教育思想，结合时代要求进行创造性转化和创新性发展，为解决当前教育面临的问题提供参考。要发扬重视家庭、家教、家风的优良传统，充分发挥家庭教育的作用，推动家校密切合作，形成育人合力。

四是培养家国情怀。习近平总书记在北京大学师生座谈会上提出对青少年的几点希望，其中之一就是要爱国，忠于祖国，忠于人民。爱国，是最为持久最为深层的情感之一，是一个人在集体中寻找到自身社会价值的源泉，在很大程度上塑造了人基本的道德情操。"位卑未敢忘忧国"，作为中华儿女，我们必须熟悉自己的民族历史，了解中华民族的起源与发展历程，要把中华文化的基因深深烙在我们的心中，要带有高度的文化自信和民族自豪感，时刻为中华民族伟大复兴贡献自己的力量。"利于国者爱之，害于国者恶之。"要用自己的实际行动来爱国，要时刻牢记祖国和人民，牢记自身所带有的历史使命，把自己个人的发展与祖国的前途紧紧联系在一起，把自己真正奉献给国家和人民，真正能够做到为国家的发展做出有益的贡献。

爱国是一个人的立德之源、立功之本。要加强爱国主义、集体主义、社会主义教育，引导青少年从小树立和坚持正确的历史观、民族观、国家观、文化观。要加强和改进学校美育，教育学生树立正确的审美观念，陶冶高尚的道德情操，培育深厚的民族情感。要开展形式多样的教育活动，利用我国改革发展的伟大成就、重大历史事件纪念活动、爱国主义教育基地、国家公祭仪式等增强青少年学生的爱国意识和爱国情感。要深入实施"中华优秀传统文化教育体系创新计划""中华优秀传统文化进校园"等活动，强化学生的国家认同，增强民族自豪感和自信心，增强做中国人的骨气和底气。

坚持立德树人，就要加强中国传统文化教育。习近平总书记在庆祝澳门回归祖国15周年大会上的讲话中指出："中华民族在几千年历史中创造和延续的中华优秀传统文化，是中华民族的根和魂。"① 要把我国历史文化和国情教育摆在青少年教育的突出位置，引导青少年坚定中国特色社会主义道路自信、理论自信、制度自信、文化自信。

3. 坚持社会主义核心价值观

2014 年 5 月 4 日，习近平总书记在北京大学考察时指出："青年的价值取向决定了未来整个社会的价值取向，而青年又处在价值观形成和确立的时期，抓好这一时期的价值观养成十分重要。这就像穿衣服扣扣子一样，如果第一粒扣子扣错了，剩余的扣子都会扣错。人生的扣子从一开始就要扣好。"②

要用社会主义核心价值观帮助学生扣好人生的第一粒扣子。青少年的价值取向决定了未来整个社会的价值取向。各类学校都要推动社会主义核心价值观进教材、进课堂、进学生头脑。提升思想政治教育的亲和力和针对性。

习近平总书记在党的十九大报告中进一步强调："社会主义核心价值观是当代中国精神的集中体现，凝结着全体人民共同的价值追求。要以培养担当民族复兴大任的时代新人为着眼点，强化教育引导、实践养成、制度保障，发挥社会主义核心价值观对国民教育、精神文明创建、精神文化产品创作生产传播的引领作用，把社会主义核心价值观融入社会发展各方面，转化为人们的情感认同和行为习惯。坚持全民行动、干部带头，从家庭做起，从娃娃抓起。"③

————————

① 习近平. 在庆祝澳门回归祖国 15 周年大会暨澳门特别行政区第四届政府就职典礼上的讲话 [N]. 人民日报，2014-12-21 (2).

② 习近平. 青年要自觉践行社会主义核心价值观：在北京大学师生座谈会上的讲话 [N]. 人民日报，2014-05-05 (2).

③ 习近平. 决胜全面建成小康社会　夺取新时代中国特色社会主义伟大胜利：在中国共产党第十九次全国代表大会上的报告 [N]. 人民日报，2017-10-28 (1).

广大教师作为打造中华民族"梦之队"的引路人，必须有理想信念、道德情操、扎实学问以及仁爱之心。教师的工作可以重新塑造人、塑造新的生命、塑造新的灵魂，可以不断锤炼学生的人格，做他们成长道路上的引路人。教师也是教育事业能否发展兴旺的关键所在、根基所在、源头所在。因此，各级学校的党组织要做好规划，在各级党组织的领导下，为教师提供良好的工作环境，引导广大教师明确他们的职责，明确他们的使命与责任，确保他们能够很好地把中国特色社会主义的理想信念传播给学生，能够把先进的思想文化传播给广大学生，并保证他们始终对党和人民的教育事业保持高度的忠诚，从而确保党的教育方针能够真正贯彻到教育事业的各个方面。

一是要确保教育目标能够和人的发展根本结合起来，把青少年的社会性发展需求同国家发展的目标结合起来，真正地把核心价值体系的教育内容融入青少年的成长与发展过程中。传统的教育在进行关于思想道德方面教育时，往往过于强调灌输，强调把正确的思想和理念一起传授给学生，这对于学生而言更多的是被动接受，带有极大的强迫性，并且忽视了国家与社会发展的大背景。对于学生而言，这样的灌输不仅使他们难以理解，更重要的是使他们对其产生反向的厌恶感，而且极易让他们丧失学习兴趣；在他们自身的发展过程中，他们也更多的是被动接受社会发展的现实，这对于国家发展的大战略而言，是一种主动性力量的损失，教育不仅没有起到积极的推动作用，而且还会影响国家发展大战略的推进。因此，我们需要重视学生的社会性需求，尽量把我们的教育内容与现实社会联系起来，与中国特色社会主义发展的实际联系起来，从而真正地把教育内容落到实处。

开展优质的教育，必须与国家、社会紧密结合，习近平总书记在北京市海淀区民族小学主持召开座谈会时指出："任何一个思想观念，要在全社会树立起来并长期发挥作用，就要从少年儿童抓起。"① 相对于爱国主义教育的宏大性而言，爱国主义情怀的培养是一项基础性的工作，是青少年能正常发展的基础和前提，也是爱国主义教育成功的重要前提，优质的教育不能仅仅关注学生的身体健康或者学习成绩，因为一个人的未来发展，只有很好地与国家、社会未来的发展结合起来，自身的潜力才能够被更好地激发出来。人是一切社会关系的总和，个人的发展离不开国家与社会发展的推动。有高度的爱国主义情怀，能够时刻把自身的发展与国家、社会的发展结合起来，做到了这一点，自己所做的事能够为国家、社会的发展做出有益的贡献，这样也就达到了爱国主义教育的目的。

二是既要注重价值观念的灌输，也要注重行为能力的培养，培养人的全面的道德素质和实践能力，实现人的全面发展。就个人而言，价值观念往往是多样的，而且价值观念的形成往往并不只是通过一个人被动地接受另外一个人关于价值观念的灌输。实际上，一个人的价值观念的形成，往往是他在参与社会实践的过程中，受到自身行为能力的影响而逐渐形成的，即一个人的价值观念的形成是与他自身的行为有着很大的关联性，教育者对受教育者的价值观念的灌输，会对他们的行为起到一定的指引作用，会制约他们的实际行为，然而一味地灌输，会使受教育者在实际的成长过程中在遇到很多教育过程中并没有提及的情景时不知所措，在这种情况下，受教育的行为能力往往就脱离了教育者所设定的范围，使课堂灌输对一个人的价值观念产生不了实质性的影

---

① 让社会主义核心价值观的种子在少年儿童心中生根发芽［N］. 人民日报，2014－05－31 (1).

响，从而教育的实效性也就大大降低了。因此，在教育过程中，要注重人的完整品格的培养，要培养他们的道德情操，在他们的价值观念受到冲击的时候，让道德情操起到最后的堡垒作用，使他们的行为能力不会受到外界消极的影响。只有这样，才能够把三者很好地结合起来，从而增强教育的实效性。

三是让青少年学会主动学习而不仅仅是被动接受，要让他们学会找寻真理的本领。受教育者在教育活动中也是主体性的角色，不能一味让他们被动地接受教育者的观点，要把主动性赋予他们，让他们积极主动探索真理。

要发挥学生的主体性作用，首先需要不断更新教育理念，从理念上改变此前的错误观念，正确地看待青少年，承认他们的主体创造性能力，肯定他们的成长与发展。对不同的学生要学会根据实际情况因材施教，从积极的方面认识青少年的发展变化，肯定他们成长过程中的闪光点，尊重青少年自我选择的权利，努力帮助他们不断优化自己的选择，而不是一味地否定他们的选择。其次是结合社会现实需要和青少年自身的发展需求寻找共同的教育主题，教育的内容一定要结合现实的需要，从青少年的需要出发，关注他们成长所需要的内容，这样才能够真正把他们的发展同国家、社会的发展融合起来。

在以往的教育习惯中，教育者比较习惯于从系统上传授给学生相关的教育内容，这样的方式能够很好地让学生明白各个内容之间的联系，例如爱国主义与民族情感的关系、个人价值与社会价值的关系、理想信念与国家发展的关系等等，这种模式主要的问题就在于学生们只是片面地接受了这些内容，但是缺乏对于这些内容的深入理解，对于学生而言，他们更好奇的是"问题是什么"，因为只有找到了"问题"，他们才能真正感受到这些内容与他们的现实生活是紧密相连的，这样学生才能真正融入教育内容中，才能真正领悟这些教育内容所包含的实际意义，也只有这样，他们才会真正主动去探究、思考这些内容，并且把这些内容时刻与自身的实际生活联系起来，这样才能提高教育的成效。同时，为了增强教育内容与学生的实际感受，还必须通过一定的实践环节，加深学生对于教育内容的理解，因此需要尽可能多地设置一定的情景，让学生能够有充足的体验，不能一味地进行理论介绍，应该让他们在模拟的情境中做出选择，针对他们的选择，制定相关的对策，进行下一步的教育，让他们能够真正地接近社会现实，意识到什么是正确合理的选择，以期真正地融入现实社会。

教育必须为改革开放
和社会主义现代化建设服务

党的十八大特别是十九大以来，中央从多个维度对人才培养标准提出了新的要求，其中明确将教育要为改革开放和社会主义现代化建设服务作为发展教育事业、建设教育强国的重要指导方针。这一要求的提出，不论是从历史还是从现实的层面来看，都具有无可辩驳的科学性和正确性。纵观人类发展历程我们可以发现，人对成就欲望的追求程度与社会经济和文明发展之间有着必然联系。成就需求，无论对一个国家、民族、地区还是家庭、个人而言，都是经济进步和文明发展的动力。我国民众在改革开放之后的成就意识呈逐渐上升的趋势，人们越来越重视自我发展和自我实现，爱学习、攻科研、尊重知识等风气渐渐成为一种社会风尚，而与此同时，我国的经济发展也呈现明显上升态势。可以说，教育不仅能唤醒人们沉睡的需求意识，而且随着人们接受教育程度的提高，能使人们不断产生新的需求，激发人们对新生活（生活水平、生活质量、生活方式等）的追求，从而加深人们对生活差距问题的敏感程度以及坚定改变现状的决心。此外，广大人民受教育程度的不断提升，也能通过吸收和借鉴人类所创造的既有知识成果，培养出积极主动的创新精神和百折不挠的创造力，为推动社会经济和文明程度的发展提供重要的智力支持，从而为改革开放和社会主义现代化建设提供源源不断的内生动力。

## 一、教育与改革开放和社会主义现代化建设的历史融合

1. 教育为改革开放和社会主义现代化建设服务的开端

毛泽东同志提出民族的、科学的、大众的新民主主义文化教育方针，曾指引了中国教育发展新路的早期探索①。新中国成立后，在正确处理人民内部矛盾并调动一切积极因素为社会主义服务的初步探索中，毛泽东同志从大局出发首次对我国的教育方针做出明确表述："我们的教育方针，应该使受教育者在德育、智育、体育几方面都得到发展，成为有社会主义觉悟的有文化的劳动者。"② 以此奠定了从新民主主义教育到社会主义教育转变的基础。然而在党的十一届三中全会之前，我国的教育事业虽较之于新中国成立前已有了翻天覆地的变化，但其发展水平仍远远无法满足国家建设和经济社会发展的需要。截至 1978 年，我国小学升入初中比例只有 60.5％，高校在校生只有 85.6 万人，研究生也仅有 1 万人。广大知识分子的社会地位较低，全社会并没有形成一种尊重知识、尊重人才、重视教育的良好氛围，这不但严重阻碍了教育事业的发展，也极大地影响了有赖于大量人才涌现的国家各项建设事业的持续推进。

改革开放是放大中国教育格局、改变中国教育前景的关键一环。"教育是一个民族最根本的事业"，邓小平同志倡导全党全社会树立"尊重知识、尊重人才"观念，通过改革教育体制，统筹并下放基础教育责任，壮大职业教育规模，以恢复高考为契机扩

---

① 孙培青. 中国教育史（修订版）[M]. 上海：华东师范大学出版社，2000.
② 毛泽东. 毛泽东文集：第 7 卷 [M]. 北京：人民出版社，1999：226.

大高校办学自主权等措施，应对改革开放初期人才稀缺且劳动力素质偏低的局面。这无疑也是物质经济双匮乏时代，国家排除万难、强信心、聚人心且具有战略眼光的重要一着。邓小平同志提出，教育要面向现代化、面向世界、面向未来，培养有理想、有道德、有文化、有纪律的社会主义"四有"新人。他说："最重要的是有理想、有纪律。理想就是社会主义现代化，很多人只讲现代化，忘了我们讲的现代化是社会主义现代化。"① 在邓小平教育思想的正确指引下，1986 年出台的《义务教育法》，是新中国成立以来由最高国家权力机关制定的第一部教育法律，义务教育也由政策性内容上升为法律赋予的权利。党中央从社会主义事业的全局出发，把教育作为实现社会主义现代化的根本大计，放在了优先发展的战略位置，并赋予其神圣的法律地位。

当历史脚步进入 20 世纪末期的时候，世界格局的重新划分不再是靠偶然的军事冒险和体面的经济数字，而是依靠强大的民族凝聚力、喷薄而出的生产力和长期培养的优秀科学素养。与此同时，中国也在积极探寻有利于自身发展的核心要素，这也印证了邓小平同志所提出"科学技术是第一生产力"的重要论断。我国教育在新中国成立初期受苏联影响，大多只强调教育的上层建筑属性和功能。在以"阶级斗争为纲"的年代，教育被深深地打上了政治烙印，片面强调"教育为阶级政治服务""为阶级斗争服务"。在这种社会功能定位下，教育处于"为政治斗争服务"的从属地位，而教育促进社会生产力发展的功能被淡化，甚至被忽视。党的十一届三中全会后，随着全党工作重点的战略转移，人们对教育的社会属性和功能的认识发生了重大变化，教育方针由"为

---

① 邓小平. 邓小平文选：第 3 卷 [M]. 北京：人民出版社，1993：209.

无产阶级政治服务"修正为"为社会主义现代化建设服务",教育由原来的从属地位转变为优先发展的战略地位。党的十二大提出要把教育视为促进经济发展的战略重点,这为党和国家在新时期确立科教兴国战略和人才强国战略奠定了坚实的理论根基。

1992年,江泽民同志在党的十四大上指出,必须把经济建设转到依靠科技进步和提高劳动者素质的轨道上来,并强调"百年大计,教育为本"的理念,必须坚持把教育事业放到突出的战略地位。1995年,科教兴国战略全面启动。2002年党的十六大报告确定教育工作的整体方针是:坚持教育为社会主义现代化建设服务,为人民服务,与生产劳动和社会实践相结合,培养德智体美全面发展的社会主义建设者和接班人。多年来,无论教育政策如何深化拓展,培养社会主义事业的建设者和接班人是我国教育方针中明确规定且始终如一的重要目标。

2. 教育服务于改革开放和社会主义现代化建设的体制、机制建构

进入21世纪后,世界各大国之间的竞争更趋白热化。在加入世界贸易组织之后,我国国民经济对科技人才的总体需求迅速加大。党的十六大后,在科学发展观的指导下,"人才强国"战略全面启动。坚持教育为本的科教兴国战略和践行"以人为本"的人才强国战略融为一体,共同致力于推动我国教育事业的全面协调可持续发展。2010年,党中央、国务院召开改革开放以来的第四次全国教育工作会议,会议主题紧密结合《国家中长期教育改革和发展规划纲要(2010—2020年)》。该纲要对基础教育、职业教育、高等教育等各级各类教育都进行了系统阐述,并且对学前教育毛入学率、高中阶段教育的普及率等关键指标进行了明确量化,以期到2020年基本实现教育现代化,基本形成学习型社会,并在

全球范围内进入人力资源强国的行列。

党的十八大以来，以习近平同志为核心的党中央高瞻远瞩、审时度势，赋予教育更为崇高的地位和更加神圣的职责。习近平总书记在不同场合多次强调了发展教育的重大意义，为"教育强国"的规划指明了正确的发展方向。教育是国之大计、党之大计。在 2017 年 10 月召开的党的十九大上，习近平总书记强调，建设教育强国是实现中华民族伟大复兴的基础工程，必须把教育事业放在优先位置，深化教育改革，加快教育现代化，办好人民满意的教育。要全面贯彻党的教育方针，落实立德树人的根本任务，发展素质教育，推进教育公平，培养德智体美全面发展的社会主义建设者和接班人。高度重视发展方向的价值，是民族振兴并日益迈向世界舞台中央的内在定力和动力，教育发展与人才培养方向亦是如此。在 2018 年党中央召开的新时代首次全国教育大会上，习总书记重申了"培养德智体美劳全面发展的社会主义建设者和接班人"这一人才培养目标，会议强调了在新的历史时期必须坚定发展教育事业的正确政治方向，坚持与践行"两个维护"的政治立场。

改革开放 40 多年来，我国教育事业的全面飞速发展，不但有赖于思想、政策和法律法规等层面的转变和创新性认识，更依托于中央和地方各级政府及职能部门在既定教育方针的指引下，逐步健全和优化教育投入的保障机制。面对改革开放初期教育经费短缺、校舍大面积危房等困难，党和国家把教育投入作为硬性指标纳入政府决策和绩效考评中。1993 年 2 月 13 日，中共中央、国务院印发《中国教育改革和发展纲要》，正式提出逐步提高国家财政性教育经费支出占国民生产总值的比重，20 世纪末达到 4%。这一比例的确定，来自对国际教育数据的采集和对比，来自计量回归模型的测算，同样也来自邓小平同志提出的 2000 年小康社会的参照标准，是当时的中国经济学家和教育学家共同合作研究的成果。这一政策的提出，为教育发展提供了先决条件和良好契机，促进了教育的公平化和大众化。

1993 年国家财政性教育经费支出占 GDP 的 2.46%，2005 年占 2.82%，2006 年占 3.01%，2011 年占 3.93%，直到 2012 年首次突破 4%，达到 4.28%[①]。从目标的提出到实现，总共花费了将近 20 年的时间。在人口基数庞大的现实压力面前，要从国防保障、经济发展、民生改善的蛋糕中切出重要一块分给教育，每增长一个百分点，都是一项极其艰巨的任务。2019 年我国财力虽然很紧张，但是国家财政性教育经费占国内生产总值的比例继续保持在 4% 以上，中央财政教育支出安排超过 1 万亿元，体现了国家从财政资金的投入上优先保障教育的决心、意志和智慧。

我国教育经费支出涵盖了基础设施建设、法治环境建设、民众教育负担减轻等各个领域。从 2006 年开始，国家通过"两免一补"政策保障农村义务教育特别是解决贫困生寄宿生的入学难上学难问题，并于 2008 年实现了城市和农村地区的全面免费义务教育。根据《2018 年全国教育事业统计公报》，全国共有学校 51.89 万所。通过进一步完善教育财政立法，近 3 亿（截至 2018 年底，各级各类学历教育在校生 2.76 亿）在校生中 2/3 享受免费教育政策，2/3 享受各种资助政策[②]，从经费和制度上保证不让一个学生因为家庭贫困而被迫失学。从区域分布来看，中央教育转移支付资金主要是补给中西部；从各级教育比重看，公共教育财政的支

---

① 4% 的前世今生：写在国家财政性教育经费支出占 GDP 4% 目标实现之际 [N]，中国教育报，2013-03-05 (5)．

② 中国教育科学研究院．教育强国之道 [M]．北京：教育科学出版社，2018：218-219．

出进一步向基础教育倾斜。

在规模和经费上，国家在职业教育上的投入也逐步提高，职业教育经费投入从 2009 年的 2 120 亿元增加到 2018 年的 4 613 亿元。在 2019 年 4 月 30 日李克强总理主持召开的国务院常务会议上，政府确定使用 1 000 亿元失业保险基金实施职业技能提升行动，以期提高劳动者的素质和就业创业能力。同时，国家还通过各项补贴进一步完善职业教育和培训体系，2019 年 5 月的《职业技能提升行动方案（2019—2021 年）》提出在 3 年内计划开展各类补贴性职业技能培训 5 000 万人次以上，其中 2019 年培训 1 500 万人次以上[①]，确保专业技术和产业发展的同频共振。

教育部于 2020 年初发布的 2019 年全国教育经费统计快报显示，2019 年全国教育经费总投入为 46 135 亿元，比上年增长8.39%，对高等教育的投入占比已经超过教育总经费的 1/4。教育部所属重点高校例如北京大学、浙江大学、中山大学、复旦大学、上海交通大学等，从 2018 年起的经费预算也都超过了百亿元。据统计，2018 年的全国高校学生生均教育经费超过 3.6 万元，比上年增加了 8.42 个百分点。这些经费除了维持高校最基本的水电、后勤、硬件购置维护、教师工资社保等开支外，还包括高校创新研发的各项经费，涵盖了用于创新能力建设、创新人才培养、科技成果产出和转化等各个方面。

3. 教育服务于改革开放和社会主义现代化建设的历史贡献

国家要进步，民族要振兴，教育是基石，而基础教育则是龙头。办好基础教育，事关国民素质的提高，事关人才培养的根基，事关经济社会的发展。1985 年，邓小平在改革开放后的第一次全

---

① 2019 年中国职业教育的学历职业教育、非学历职业教育发展现状及职业教育发展趋势分析［N］. 中国产业信息，2019 - 10 - 22（2）.

国教育工作会议上就明确指出："我们国家，国力的强弱，经济发展后劲的大小，越来越取决于劳动者的素质，取决于知识分子的数量和质量。"[①] 这无疑给改革开放初期中小学片面追求升学率、分数至上的应试教育风气敲响了警钟，也成为"素质教育"的思想源头。自此以后，"素质教育"思想在各种意见的碰撞中达成共识并日趋成熟。1999 年 6 月，中共中央、国务院发布《关于深化教育改革全面推进素质教育的决定》。2010 年，《国家中长期教育改革和发展规划纲要（2010—2020 年）》明确提出以"全面实施素质教育"为教育改革发展的战略主题。发展素质教育，意味着教育结构、考评制度、课程建设等各个层面的改革和优化，也是培养具有创新精神和创新能力的时代新人，满足改革开放和社会主义现代化建设急需的高层次复合型人才的关键之举。

改革开放 40 多年来，中国的基础教育呈现出"一骑绝尘"的发展速度，学前教育毛入园率达到 78%，义务教育巩固率达到 93.4%，高中阶段教育的毛入学率也达到 87.5%，上述数值均超过了中高收入国家平均水平，其中义务教育巩固率超过了高收入国家平均水平。在此基础上，我国的文盲率由新中国成立初期的 80% 成功降至 2019 年的 4.1%，创造了大国教育跨越式发展的奇迹[②]。

我国从新中国成立初期的"一穷二白"到 2010 年成为世界第二大经济体，呈现出经济转型发展和产业结构调整"势如破竹"的发展态势。现代产业的发展特别是产业比重变化，对各层次技术技能型人才的培养提出了更高更新的要求，职业教育和培训体系的完善，也成为了实现现代化推动学习型社会建设不可缺少的

---

① 邓小平 . 邓小平文选：第 3 卷 [M]. 北京：人民出版社，1993：120.
② 袁振国 . 中国基础教育四十年，告诉世界什么？[J]. 人民教育，2018（21）.

组成部分。经过改革开放 40 多年来的探索和建设，职业教育已经作为具有典型特征的一类教育，为人们所接受、为社会所认可。同时，政府也在《国家职业教育改革实施方案》中，明确了职业教育和普通教育的同等地位，职业教育以其专业性强、实用性强、就业有保障为优势，成为直接对接专业教育和市场需求的一座"高架桥"。2017 年，党的十九大报告提出完善职业教育和培训体系，我国职业教育和培训体系完成了从建立、健全到完善的过渡。目前，我国已经建成了世界上最大规模的职业教育体系，涵盖中等职业教育、专科高等职业教育、本科层次职业教育乃至专业学位研究生教育①，为改革开放和社会主义现代化建设输送源源不断的高素质技术技能型人才。截至 2018 年，我国职业技能教育市场规模高达 1 103 亿元。在十三届全国人大二次会议上，国务院总理李克强在政府工作报告中提出，2019 年高职院校要大规模扩招 100 万人，鼓励更多应届高中毕业生和退役军人、下岗职工、农民工等报考，为经济转型升级储备更多的人力资源。在国家供给侧结构性改革的持续深化中，技能劳动者占就业人员总量的比例和高技能人才占技能劳动者的比例都会继续提高。

改革开放以来，教育制度的重建和创新，改变了众多年轻人乃至整个国家的前途和命运。随着改革开放的不断深入和经济转型发展，特别是在 1999 年，党和政府正式启动了高校扩招政策。高校扩张无疑是当时应对国际社会竞争、解决人才短缺、缓解就业压力和维护社会稳定的必然选择。1978—1998 年，我国高等教育发展处于恢复阶段，高等教育毛入学率低于 10%，特别是1978—1993 年，高等教育毛入学率更是低于 5%。1999 年高校扩

---

① 中国教育科学研究院 . 教育强国之道 ［M］. 北京：教育科学出版社，2018：136.

招后，高等教育规模迅速扩大，高等教育毛入学率也在 1999 年首次突破 10%，达到 10.5%，随后不断提高，到 2002 年已经达到了 15%，这标志着我国高等教育正式进入"大众化"阶段，实现了历史性的伟大跨越①。而今，中国已建成了世界上规模最大的高等教育体系，高等教育毛入学率达到 48.1%，预计到 2020 年将达到 50%，这意味着中国即将由高等教育"大众化"阶段进入"普及化"阶段。1978 年本专科和研究生招生数分别仅为 40.20 万和 1.07 万，到 2020 年，我国本专科招生数已高达 967.5 万；2021 年研究生招生数达 110.7 万。

高等教育规模的扩张，对高等教育结构的优化和高等教育质量的提高提出了新的要求，稳规模、提质量的内涵式发展成为未来高等教育的发展趋势。从 20 世纪末启动"211 工程"和"985 工程"，到 2017 年教育部公布"双一流"建设高校名单和"双一流"建设学科名单，这是中国高等教育迈向世界一流的时期。国家通过重点工程建设，改善了一批高等学校的教学和科研条件，一批重点学科已成为国家科技创新和高层次人才培养的重要基地。与此同时，改革开放 40 多年来民办教育的发展也为教育事业的整体发展注入了活力，形成了与公办教育地位相等且良性竞争的态势。在满足人们日益增长的多样化、个性化教育需求的同时，也为推动教育现代化和教育强国的建设做出了积极贡献。

教育是一种有目的培养人的社会活动，也是人类社会的实践产物②。在国家、社会和个人的相互探索和学习认知中，传承着社会文化，传递着生产与社会生活，不断建构出适应当前和未来

---

① 中国教育科学研究院. 教育强国之道 [M]. 北京：教育科学出版社，2018：328.
② 张晴，胡晓宇. 马克思主义中国化教育发展观的建构 [J]. 思想政治课教学，2019（6）：7－10.

生存的社会环境。改革开放和社会主义现代化建设、社会发展进步和人的自由全面发展三者持续推进。国家和社会通过营造人才发展的环境保持人才的可持续性，人才的可持续性又是党和国家各项事业发展的重要支撑点，不断同党和国家事业发展要求相适应、同人民群众期待相契合、同我国综合国力和国际地位相匹配。

在提出"坚持把服务中华民族伟大复兴作为教育的重要使命"这一关键指引后，习近平总书记进一步强调："教育是提高人民综合素质、促进人的全面发展的重要途径，是民族振兴、社会进步的重要基石，是对中华民族伟大复兴具有决定性意义的事业。"[①]这是对我国教育事业所应承担的重大使命的战略性认识，同时也是对各级各类教育工作支撑和反哺改革开放和社会主义现代化建设作用的高度凝练和概括。党的十八大以来，我国经济社会发生了显著且深刻变化。为了适应经济发展的新常态，国家着力建设和完善现代化经济体系，加快产业结构由工业主导向服务业主导转变，而产业结构调整对技能、技术型人才的需求，则是高等院校和普通职业技术学校扩大招生的关键驱动力。随着改革开放和社会主义现代化建设的深入，在适当控制增长速度和稳定招生规模的前提下，高等教育和职业教育的发展理念、培养模式和质量提升成为了现代化经济体系建设的重要保障。

为满足经济社会发展和提高人民群众生活质量的需要，2020年2月25日，人力资源社会保障部与国家市场监管总局、国家统计局联合向社会发布了16个新职业。新兴职业包括智能制造工程技术人员、工业互联网工程技术人员、虚拟现实工程技术人员、连锁经营管理师、供应链管理师、网约配送员、人工智能训练师、

---

① 习近平. 做党和人民满意的好老师：同北京师范大学师生代表座谈时的讲话 [N]. 人民日报，2014-09-10 (1).

电气电子产品环保检测员、全媒体运营师、健康照护师、呼吸治疗师、出生缺陷防控咨询师、康复辅助技术咨询师、无人机装调检修工、铁路综合维修工和装配式建筑施工员等，主要集中在新兴产业和现代服务业领域。职业教育肩负着培养多样化人才、传承技术技能和促进就业创业的重要职责。中等、高等职业技术专业目录的修订正是教育对新业态、新技术、新规范、新职业的回应，积极主动适应产业需求和市场变化。以无人机相关专业为例，未来 5 年，无人机驾驶员人才需求量近 100 万人。但据统计，截至 2017 年 9 月，全国无人机操作、维护合格人员还不足 1.5 万人。再比如陵园服务与管理，随着老龄化社会的到来，每年至少需要 5 000 名经过专业培养的高素质陵园服务与管理专业人才加入，而目前全国每年相关专业的毕业生仅 600 人。因此，新职业、新专业的增加，很有可能成为职业院校学生未来的"金饭碗"和"金钥匙"[①]。面对新型人才供需的现实问题，职业院校通过提高产教研的融合程度，加强政府部门、行业企业、社会组织和学校等社会各方的协作推进；通过创新人才培养模式，将理论知识、专业能力、道德素养进行有机融合，达到知行合一。为了提升新时代职业教育现代化水平，职业教育通过"双高计划"和"1＋X证书制度"为社会主义现代化建设提供更为优质的、有效的人才素质保障，各行各业所需要的技术技能人才将有更好的成长环境。

高等院校充分重视自身的主体责任意识，聚焦内涵建设，为促进经济社会发展全力提供研究型和技能型人才支撑。教育部于2020 年 3 月公布了 2019 年度普通高等学校本科专业备案和审批结果，在新增备案本科专业名单中，人工智能成为不少高校新增

---

① 研究生扩招是"缓冲"，更是为国蓄才 [J]，科学大观园，2020（6）：64.

备案的热门专业之一。其中，中国人民大学、复旦大学、中国传媒大学、北京邮电大学、中国农业大学等多所高校都新增了人工智能专业。此外，机器人工程、智能制造工程、智能建造、智能医学工程等与智能领域相关的专业也是多所高校的新增备案热门。高校研究生的人才培养工作也同样在加快步伐，通过构建基础理论人才与"人工智能＋X"复合型人才并重的培养体系，适度扩大研究生培养规模[①]。2020 年，全国研究生扩招更是高达 18.9 万，这既是应对新冠肺炎疫情、缓解就业压力的非常之举，更是为国蓄才的必要之举。承担着人才蓄水池和就业缓冲器等特殊职责的研究生教育，是国家人才竞争和科技竞争的集中体现。此次扩招并不是"大水漫灌"，而是将重点投放到服务国家安全保障和社会民生的"应急"领域，主要投向临床医学、公共卫生、集成电路、人工智能等专业，而且以专业学位培养为主，以高层次的应用型人才专业学位为主。新冠肺炎疫情的发生，对我国公共卫生体系、公共卫生人才供应体系提出挑战。对此，党和政府将高等院校的扩招重点投放于临床医学、公共卫生等专业，培养相关领域的高层次人才，有利于改善公共卫生领域高层次人才紧缺问题。此外，集成电路、人工智能领域是当下科技前沿，是国际科技竞争主战场，加大相关领域人才培养力度，也是立足于国家和社会经济发展的需要。

改革开放 40 多年来，我们党团结带领人民开辟了中国特色社会主义道路，全面建成小康社会，教育事业发挥了基础性、先导性、全局性作用。目前我国教育总规模居世界第一，教育普及程度和人力资源开发状况处于世界中高收入国家平均水平。总体上

---

① 2019 年，职业教育的这些大动作影响了你的生活［N］. 中国教育报，2019－12－17 (7).

看，教育支撑服务经济社会发展能力显著增强，教育现代化取得重要进展，为社会主义现代化建设做出了重要贡献。

## 二、新时代教育工作的新定位与新使命

1. 新时代教育工作的新定位

在现代化建设中，教育具有基础性、先导性、全局性地位和作用。教育是培养人的事业，是面向未来的基础工程。社会各项事业的发展，都根植于人才培养这一基础。教育具有前瞻性，既要满足当代需求，更要考虑未来需要。教育发展周期长，要适应社会主义现代化建设多方面要求，其效应的发挥具有一定的延迟性。因此，在社会发展中，教育应是先行和先导的。教育是关乎社会发展全局的事业，它对社会发展的各个领域都具有重要的全方位影响，从根本上影响和决定着一个国家和民族的前途命运。改革开放 40 多年来，中国教育取得了历史性成就、发生了历史性变革，14 亿多中国人的思想道德素质和科学文化素质全面提升，教育总体发展水平跃居世界中上行列，成为全世界规模最大、发展速度最快、发展潜力最大、特色最为鲜明的教育。但与此同时，经济和社会发展出现的新问题和新情况也为教育工作指明了新的努力方向。

例如在改革开放初期，我国经济发展主要依赖资源的消耗以及人力资源优势，降低了生产成本，这种依靠人力低成本的发展时代在经济学上称为"人口红利时代"。而面对"后人口红利时代"的到来，我国经济开始从粗放式、资源消耗型逐步向开放式、知识密集型过渡，并最终将向创新知识型转变，对外贸易也开始从出口低附加值产品向出口高附加值产品转变。这一系列转变对

人才培养供给侧改革提出迫切要求，将逐步从培养掌握单一技术的传统人才向培养具有应用创新创造能力的高技术技能型人才转变。又如改革开放以来，我国经济保持长时间的高速增长，但其背后是粗放型发展，生产者更多是从事简单复制、加工工作的工人。近年来通过国家宏观经济调控，刺激国内消费，产业结构开始升级调整。我国经济从高速增长逐渐向中高速增长转变，从全球产业链低端向中高端转变，产业升级换代、新旧动能转换加快，由简单的规模扩张转变为综合提质增效。经济增速的变化也使人力资源需求从简单的数量需求向高质量需求转变，产业动能由"要素驱动""汗水驱动"向"创新驱动"转变①。

纵观人类发展历史，创新始终是一个国家、一个民族发展的重要力量，也始终是推动人类社会进步的重要力量②。习近平总书记在 2018 年 3 月 7 日参加十三届全国人大一次会议广东代表团审议时指出：发展是第一要务，人才是第一资源，创新是第一动力。习近平总书记一直秉持"经济靠科技、科技靠人才、人才靠教育"的理念，并认为"教育发达—科技进步—经济振兴是一个相辅相成、循序递进的统一过程，其基础在于教育"③。此外，习近平总书记在具体谈及建设科技强国时也强调："一切科技创新活动都是人做出来的。我国要建设世界科技强国，关键是要建设一支规模宏大、结构合理、素质优良的创新人才队伍，激发各类人才创新活力和潜力。"④ 近年来，我国先后提出了人才强国、科技

---

① 覃文俊，王煜琴. 经济新常态下高技术技能人才培养供给侧改革研究［J］. 中国高教科技，2020（6）：71-74.

② 习近平. 习近平谈治国理政：第 2 卷［M］. 北京：外文出版社，2017：267.

③ 教育部编写组. 习近平总书记教育重要论述讲义［M］. 北京：高等教育出版社，2020：75.

④ 习近平. 为建设世界科技强国而奋斗：在全国科技创新大会、两院院士大会、中国科协第九次全国代表大会上的讲话［N］. 人民日报，2016-06-01（1）.

强国、制造强国、文化强国等一系列强国建设的战略目标和任务。无论何种强国目标，都需要强大的人力资本、强有力的人才队伍来支撑，都需要教育强国来支撑。同样，不管是经济建设、政治建设、文化建设、社会建设、生态文明建设，还是实施科教兴国战略、人才强国战略、创新驱动发展战略、乡村振兴战略、区域协调发展战略、可持续发展战略、军民融合发展战略等事关改革开放和社会主义现代化建设全局的工作，都离不开人，离不开人力资源开发和人才培养，离不开教育的支撑。因此，我们要充分深刻地认识到教育在经济发展中的重要作用，特别是在创新动能中的作用。一方面防止极端化的教育产业论倾向，另一方面还要继续提倡将教育与升级版的生产劳动相结合，与解放创造力、提高生产力相结合，为激发经济动能、推动经济发展、巩固经济基础做贡献。

坚持马克思主义与中国实际相结合是中国共产党的优良传统。在不断继承、丰富、发展和创新马克思主义的过程中，我们党关于教育地位和作用的认识不断深化。在继承马克思主义基本原理、"教育必须为无产阶级政治服务"和"教育要更好地为社会主义建设服务"等论断的基础上，中央提出"要坚持把服务中华民族伟大复兴作为教育的重要使命"，这是新时代在实践中不断开创中国特色社会主义教育事业发展新局面的关键指引。该论断是对新时代中国特色社会主义教育事业发展规律的新的更高水平的认识。习近平总书记强调："教育是提高人民综合素质、促进人的全面发展的重要途径，是民族振兴、社会进步的重要基石，是对中华民族伟大复兴具有决定性意义的事业。"[1] 将服务中华民族伟大复兴

① 习近平. 做党和人民满意的好老师：同北京师范大学师生代表座谈时的讲话 [N]. 人民日报，2014-09-10 (1).

作为教育的重要使命，实质上是将教育进步与社会发展、人的发展与民族复兴高度统一，蕴含了教育要紧密结合"四个伟大"、全面落实中国特色社会主义事业"五位一体"总体布局与党中央治国理政"四个全面"战略布局的重要思想，是对新时代我国教育承担的人民幸福、社会发展以及国家发展、民族复兴的历史使命的凝练概括，是对教育地位和作用更加全面的战略性认识。

习近平总书记于 2018 年 5 月在北京大学师生座谈会上指出："教育兴则国家兴，教育强则国家强。"① 同年，他又在全国教育大会上再次强调，"教育是国之大计、党之大计"②。上述思想，体现了以习近平同志为核心的党中央对教育事业的高度重视，凸显了教育在党和国家各项事业中至关重要的地位，对我国推进教育现代化、建设教育强国、办好人民满意的教育产生了里程碑式的影响。"在教育必须培养社会发展所需要的人这一点上是有共识的。培养社会发展所需要的人，说具体了，就是培养社会发展、知识积累、文化传承、国家存续、制度运行所要求的人。"③ 通过人才培养，创造出巨大的人力资本，提升教育为人民服务、为中国共产党治国理政服务、为巩固和发展中国特色社会主义制度服务、为改革开放和社会主义现代化建设服务的能力和水平，这正是新时代、新形势下教育面临的新任务、新使命。要坚持立德树人，促进学生全面发展，不断加强和改进德育、智育、体育、美育和劳动教育，努力实现文化知识学习与思想品德修养的统一、理论学习与社会实践的统一、全面发展与个性发展的统一。总体

---

① 习近平. 在北京大学师生座谈会上的讲话［N］. 光明日报，2018 - 05 - 03（1）.
② 习近平在全国教育大会上强调　坚持中国特色社会主义教育发展道路　培养德智体美劳全面发展的社会主义建设者和接班人［N］. 人民日报，2018 - 09 - 11（1）.
③ 同①.

而言，就是要促进德育、智育、体育、美育、劳动教育的有机融合，使学生成为"德、智、体、美、劳"全面发展的社会主义合格建设者和接班人①。

为了实现中国梦，我们确立了"两个一百年"奋斗目标，时代越是向前，知识和人才的重要性就愈发突出，教育的地位和作用就愈发凸显。我国正处于历史上发展最好的时期，但要实现"两个一百年"奋斗目标、实现中华民族伟大复兴的中国梦，必须更加重视教育，努力培养出更多更好能够满足党、国家、人民、时代需要的人才。教育作为实现"两个一百年"奋斗目标的关键环节，必须服务于实现社会主义现代化目标，服务于建设富强民主文明和谐美丽的社会主义现代化强国目标，服务于建设人类命运共同体目标，为最终实现"两个一百年"奋斗目标提供人才支撑和智力支持。

2. 新时代教育工作的新使命

在新时代，教育事业发展已经走到了一个新的历史关头。教育发展要适应新时代中国特色社会主义事业发展需要，服务于实现中华民族伟大复兴的目标，主动适应和引领经济发展新常态，为国家现代化建设厚植人才优势，培育创新动力。推动教育发展同新的历史阶段党和国家事业发展相适应，需要不断深化教育改革创新，不断提升教育服务于经济社会发展的能力。推动教育发展同人民群众期待相契合，需要以人民为中心发展教育，满足人民日益增长的美好生活需要。推动教育发展同我国综合国力和国际地位相匹配，需要加快教育现代化和教育强国建设步伐，为人类和平发展贡献中国智慧②。

---

① 袁振国. 中国基础教育四十年，告诉世界什么？[J]. 人民教育，2018 (21).
② 教育部编写组. 习近平总书记教育重要论述讲义 [M]. 北京：高等教育出版社，2020：185.

首先，服务于实现社会主义现代化目标。到 2035 年基本实现社会主义现代化，是"两个一百年"奋斗目标中承前启后的重大步骤和决胜关键。教育现代化是社会主义现代化的必然要求和重要组成部分。教育是前瞻性的社会事业，要实现社会主义现代化就必须首先实现教育现代化。教育现代化建设的核心是人的现代化和教育体系的现代化。新时代我国教育现代化建设面临着以人工智能为标志的第四次工业革命带来的巨大机遇与挑战，教育一方面要以更高水准的全球治理水平和更有担当的全球参与姿态迎接变幻莫测的科技浪潮，另一方面要以 5 000 年中华文化为背景支撑坚守中国特色，坚持自主创新，发展具有中国特色、世界水平的现代教育。

在实践中，我们要以教育现代化支撑国家现代化，发挥教育的基础性作用，通过教育将科学技术转化为生产力，实现劳动力和科学技术的再生产，全面推动创新发展。要以信息化、法治化、国际化和终身学习为突破口，建设现代化教育体系，全面推进教育现代化进程。其一，坚持不懈推进教育信息化，努力以信息化为手段扩大优质教育资源覆盖面，逐步缩小区域、城乡数字差距，大力促进教育公平，以教育信息化推动实现教育现代化。其二，全面推进依法治教工作，牢牢抓住科学立法、教育行政执法体制改革、教育管理改革、依法治校、普法教育五个方面，建设中国特色社会主义教育法治体系，助推实现教育现代化进程。其三，抓住"一带一路"机遇，加强同世界各国的教育交流，扩大教育对外开放，不断推进"共商、共建、共享"的教育国际化进程，提高我国教育现代化的质量和水平。其四，适应全球化时代教育发展的大趋势，推动教育变革和创新，构建网络化、数字化、个性化、终身化的教育体系，建设"人人皆学、处处能学、时时可学"的学习型社会。

其次，服务于建设社会主义现代化强国目标。建设富强民主文明和谐美丽的社会主义现代化强国是"两个一百年"奋斗目标的最高层次和最终归宿，也是实现中华民族伟大复兴的最集中表现。实现中华民族伟大复兴，教育的地位和作用不可忽视。党的十九大报告第一次明确指出"建设教育强国是中华民族伟大复兴的基础工程"，用以体现"优先发展教育事业"的核心理念和宏大背景。报告把原来设想的到 21 世纪中叶基本实现国家现代化的目标提早到 2035 年，并提出本世纪中叶全面建成社会主义现代化强国的更高目标。这意味着从现在起就要以深化教育改革为动力，以办好人民满意的教育为依归①。

在经济建设方面，要通过教育培养人才，传播科学技术，实现科学技术向第一生产力转化，通过创新驱动发展，促进国民经济持续、快速、协调发展。建设现代化经济体系，深化供给侧结构性改革，在建设实体经济、科技创新、现代金融、人力资源协同发展的产业体系，在人力资本服务等领域培育新增长点、形成新动能等方面，教育开发人力资源的长效作用将愈加显现。实施创新驱动发展战略，建立以企业为主体、市场为导向、产学研深度融合的技术创新体系，培养造就一大批具有国际水平的战略科技人才、科技领军人才、青年科技人才和高水平创新团队，职业教育和高等教育完全有条件积极参与。实施乡村振兴战略，教育系统应为加快推进农业农村现代化培养造就一支懂农业、爱农村、爱农民的"三农"人才队伍。实施区域协调发展战略，推动形成全面开放新格局，也都需要教育系统创造性地发挥作用②。

---

① 教育部课题组. 深入学习习近平关于教育的重要论述［M］. 北京：人民出版社，2019：146.
② 同①152.

在政治建设方面，要通过教育提高人的思想品德，巩固和维护社会主义意识形态与发展秩序，培养德智体美劳全面发展的社会主义建设者和接班人；推进全民守法，加大全民普法力度，建设社会主义法治文化；教育系统应在依法治教、依法办学、依法治校的制度建设上先行，提高法治教育纳入国民教育体系后的实效。

在文化建设方面，要以教育作为文化传播的重要载体，继承和发扬中华优秀传统文化，为树立文化自信提供不竭动力；高等学校将成为深化马克思主义理论研究和建设、构建中国特色哲学社会科学、建设中国特色新型智库的骨干力量。培育和践行社会主义核心价值观，加强思想道德建设，教育系统要高度重视从娃娃抓起的要求①。

在社会建设方面，要办好人民满意的教育，解决民生之本的就业问题和精准扶贫问题，维系社会和谐稳定；大规模开展职业技能培训，鼓励创业带动就业，职业教育和高等教育将始终发挥生力军作用。此外，在社会保障体系建设，特别是健全农村留守儿童和妇女、老年人关爱服务体系，发展残疾人事业中，教育系统可主动发力。脱贫攻坚注重扶贫同扶志、扶智相结合，重点攻克深度贫困地区脱贫任务，都离不开与教育系统协同作战。实施健康中国战略，教育系统要积极参与全科医生队伍建设，深入开展爱国卫生运动，加强人口发展战略研究。

在生态文明建设方面，要通过教育提升人民的生态保护意识和保护生态能力，推动实现生态环境的可持续发展；教育民众树立尊重自然、顺应自然、保护自然的意识，培养各级各类学校的

① 教育部课题组．深入学习习近平关于教育的重要论述［M］．北京：人民出版社，2019：152－153.

师生员工自觉养成节约资源和保护环境的生活方式①。

中国特色社会主义进入新时代，教育的基础性、先导性、全局性地位和作用更加突显。现代化建设事业越是发展，对人才培养的要求就越高，教育的地位和作用也就越发突出。随着世界多极化、经济全球化、社会信息化、文化多样化的深入发展，教育与经济社会发展的结合更加紧密，教育现代化对推动国家现代化的作用日益突显。我们既要全面建成小康社会、实现第一个百年奋斗目标，又要乘势而上开启全面建设社会主义现代化国家新征程，向第二个百年奋斗目标进军。当今时代，发展是第一要务，创新是第一动力，人才是第一资源。新时代对科学知识和卓越人才的渴求，比以往任何时候都更加强烈。实现"两个一百年"奋斗目标，必须更加充分发挥教育的服务支撑作用②。

总之，我们必须坚定实施科教兴国战略，深入实施人才强国战略，始终把教育摆在优先发展的战略位置，全面贯彻党的教育方针，落实立德树人根本任务。必须大力实施创新驱动发展战略，把推动发展的着力点更多放在创新上，培养创新人才，建设一支规模宏大、结构合理、素质优良的创新人才队伍。必须深化办学体制、管理体制、经费投入体制、考试招生及就业制度等方面的改革，深化学校内部管理制度、人事薪酬制度、教学管理制度等方面的改革，深化人才培养模式、教学内容及方式方法等方面的改革，努力解决教育不平衡不充分发展问题，努力解决人民群众关心的热点问题，办好人民满意的教育。

---

① 教育部课题组. 深入学习习近平关于教育的重要论述 [M]. 北京：人民出版社，2019：153 - 154.
② 教育部编写组. 习近平总书记教育重要论述讲义 [M]. 北京：高等教育出版社，2020：79 - 80.

## 三、新定位与新使命对教育自身各项功能的新要求

国家发展靠人才、人才发展靠教育、教育发展靠教学、教学发展靠课程，课程与教学在教育和国家发展中发挥着重要作用[①]。各级各类课程教学直接决定了人才培养的质量，决定了特定教育阶段学生在智力、技能、品德、身体素质等方面期望实现的程度。随着科学技术的迅猛发展所带来的生产生活方式的重大变革，教育形态、功能、内容和方法手段也随之调整转型。无论是基础教育、职业教育还是高等教育，在教育形态和空间上都力求实现"以教师为中心"向"以学生为中心"的转移，实现"以教为重心"向"以学为重心"的转移，克服时间地点的局限以提升教学的主动性；在教育内容和功能层面，课程的设置由"以知识体系为主线"向"以核心素养为主导"转移，由"以理论知识传授为中心"向"以能力素质培养为中心"转移，重点挖掘和培育学生的创新能力、沟通技能以及责任意识；在教育的方法和手段层面，从单纯的线下课堂讲授向线上线下结合教学转变，充分利用物联网、云媒体、人工智能的技术优势，通过个性化多样化教学形式提升教育的实效性。新时代、新形势催生着各级各类教育的向心效应，进一步为改革开放和社会主义现代化建设服务。

1. 深化教育的文化知识传授功能

为了适应改革开放与现代化建设的时代要求，顺应基础教育内涵式均衡发展趋势，同时也为了提升学生的创新实践能力和社会责任意识，教育部在 2014 年颁发了《关于全面深化课程改革

---

① 张晴，胡晓宇. 马克思主义中国化教育发展观的建构［J］. 思想政治课教学，2019（6）：7-10.

落实立德树人根本任务的意见》，由此揭开了深化基础教育课程改革的序幕。该文件指出："研究提出各学段学生发展核心素养体系，明确学生应具备的适应终身发展和社会发展需要的必备品格和关键能力，突出强调个人修养、社会关爱、家国情怀，更加注重自主发展、合作参与、创新实践。"根据文件精神，课程内容和课程实施均以学生的核心素养培养为中心来制定和修整，中小学相关学科的教材也以学生的必备品格和关键能力培养为目标进行改善与优化。在此意义上，学生发展核心素养是统筹新时代课程标准、教材建设、课堂教学、课程评价等各个环节的中心枢纽，也是破解"重智轻德"、"唯成绩论"以及学科割裂等实践问题的关键线索，这也就标志着课程改革开始进入"核心素养时代"[①]。要在基础教育领域实现上述目标，关键在于做好以下两个方面的工作。

其一，课程内容的生活化与个性化。新中国成立后，我国基础教育在很长一段时间内实施语文、数学、英语等课程的应试化、机械化教学，而忽视了体育、德育、美育在学生成长成才过程中至关重要的作用。诚然，文化知识的教学和基本技能的训练是基础教育的主要任务，但学科内容长期缺乏与生命对话、与生活共融，必然产生学生的认知割裂和功利主义倾向。素质教育推行至今，课程开展依旧须以严格的教学大纲和系统规范的教科书为框架。但是相较于以往，目前的基础教育在课程内容选择上更加凸显灵活性和选择性，并且有意识地将综合课程、选修课程、活动课程等与生活经验有关的课程内容有机地融合进基础教育体系中[②]。以

---

① 徐洁. 迈向"核心素养"：新中国成立 70 年基础教育课程改革的逻辑旨归 [J]. 教育科学研究，2020（1）：12-17.

② 高玉旭. 改革开放 40 年来我国基础教育课程改革回顾与展望 [J]. 上海教育科研，2018（9）：12-17.

语文课程为例，中小学语文学科作为传承我国优秀经典文化的主要载体，应该更好地融入中华优秀文化经典内容。语文课程应该致力于中小学生文学素养的养成，语文学科是工具性与人文性的内在统一，其人文性目标就要求语文教材应该继承我国语文教育的优秀传统，认识中华优秀传统文化的博大精深，吸收各个民族文化智慧，从而在接受文化教育熏陶的过程中，提高中小学生自身的学习效率与文化品位①。对于数理化等以能力导向的学科，在进行重难点剖析分解后能做到有的放矢，而不是一味地深挖求难。特别是取消了基础教育阶段的多类学科竞赛，逐步解决了"过度教育"的问题，更加强调学习方法的获得和多元智力的启迪。随着课程内容的个性化程度和生活化水平越来越高，教师讲授课程的弹性与空间越来越大，学生学习课程的愉悦感与获得感也越来越强。

其二，课程实施的主体性与创新性。课程实施是通过知识技能的选择、组织和传递来实现目标教学效果的手段。而教师教学是决定课程实施结果的关键环节，也是推进和深化课程改革的中坚力量。教师的主导性通过对课程的掌控和知识的传授来实现，以此帮助学生筑牢知识架构，掌握高效的学习方法。然而，长期文化知识的单向灌输也不免被程序性强、教条性强以及灵活性不足等问题困扰，学生在知识传输过程中始终处于一种被动式的接收状态，中小学固定的教学场地、重复的教学场景与机械的教学方法难以满足学生日益增长的学习动能。随着改革开放和社会主义现代化建设带来基础教育实施方式的重大变革，素质教育、探究式教学、主体性培养等教育理念广泛提出并予以成功实践。特

---

① 宋洋. 我国优秀传统文化融入教材的理论思维与实践路径 [J]. 教学与管理，2019（9）：13-15.

别是在文化知识的教学中，打破了传统的"一言堂"模式，转向以自主探究、交往合作、自主发现为特征的引导式教学。随着物联网、云媒体等信息技术的传播渗透，学生创新意识的提高与实践能力的培育成为课程实施的重要着力点，也成为课程实施方式由"教师中心"转向"学生中心"、由"知识中心"转向"素养中心"的催化剂。现阶段，除了给各级地方、各类学校更多的课程实施自主权，教师在传统教学模式中也力求创设多样化教学情境，采取艺术性教学方法，由"讲授主导型"逐步转向"探究主导型"，打破学生个体与课本知识的对立冲突，真正意义上筑牢学生在"拔节孕穗"时期的文化知识基础。

我国的职业教育要坚持服务现代化经济体系建设的方向不动摇，牢固树立"社会化""大众化""终身化""行业化"四大理念。在改革开放和社会主义现代化建设的指引下，职业教育已经逐步形成了中国特色的教育模式和发展路径，走出了盲目扩招和一味追求学校升格的误区，办学特色更清晰、专业设置更科学、培养模式更多元、管理服务更高效。在知识传授和技能培养的过程中，充分尊重学生个性化学习需求，遵循就业市场发展规律，同时也是为技术技能型人才提供技能累积和向上发展的路径。

制定分类培养方案。职业教育所面向的人群呈多元化趋势，学生来源、年龄结构、知识储备及学习需求均存在较大差异，建立分类培养机制进行针对性培养势在必行。这就要求高职和中职院校不能简单采用单一人才培养方案，特别是在高职院校的招生对象中，除了普通高职毕业生，还涵盖了一定比例的中职毕业生、退役军人、农民工，培养目标设定、课程设置、教学安排必须体现个性化差异化的原则。针对不同背景、不同起点的学生，可以依据应届或非应届、就业或未就业等标准进行分类，有针对性地制定培养方案。针对已具备本专业理论和技能基础的中职毕业生的培养方案应侧重于专业理论和实践能力的提升、通识类课程的补偿学习。针对已就业的在职学习者的培养方案应立足于学习者工作经验，侧重于专业理论课程和通识类课程学习，在教学时间安排上则需要考虑弹性化的教学安排。通过建立选课制度、学分互换机制、导师制，针对不同背景和发展需要的学生，在分类培养方案的引导下，制定个性化的学习方案①。

提供多元化课程选择。目前，我国职业院校主要进行职业性课程的专门化教学，并提供多元化的课程菜单，主要涵盖三大内容。第一，通识类课程。通识教育是包括人文科学和自然科学的系统教学。对于职业人才而言，专业技能固然重要，但通识教育是实现学校内涵式发展和学生潜能开发的必由之路。现今大部分职业院校都已树立通识教育理念，构建丰富的包括语言、艺术、哲学等学科的通识教育体系，并将其渗透至专业课的教材体系和课程设计中，培养学生的人文情怀，帮助其体会人生的价值和真谛。面对传统生源，职业院校一般通过过程化考核的方式对课程的学习效果进行检验，而面对文化课程基础薄弱的非传统生源，职业院校通过丰富多样的选修课模式开展教学，满足基本文化素养的需求。第二，职业类课程。专业课程的设置紧扣时代发展脉搏，以国家建设和市场需求为导向。职业院校办学的首要目标就是培养高素质技术技能型人才，所以职业类课程始终是教学的核心内容。学生在职业技能方面的差异性较大，从零起点的学生到具备初级职业技能的学生，再到技能拔尖人才，这就要求职业院校提供多元化和可选择性的教学内容。在教学目标设计上，要注

① 付雪凌. 变革与创新：扩招背景下高等职业教育的应对［J］. 华东师范大学学报（教育科学版），2020（1）：23-32.

重学生就业能力和综合素质的培养，所以课程的开设和知识的讲授始终坚持"能用为度，实用为本"；在课程内容设计上，注重专业课程与工作经验的一致性，在课堂教学中通过案例化针对性教学，帮助学生树立安全、责任、服务、创新的工作理念；在课程实施上，注重产教融合、工学结合、校企合作，深层次多渠道开展教学，做到知行合一。第三，补习类课程。职业院校生源的多元性和差异性，决定了课程开设的特殊性。学习基础的优劣、生活经验的差别和学习能力的高低在职业教育中体现得尤为明显，特别是应针对文化基础比较薄弱的成人学习者、退役军人、农民工等非传统生源增加补习类课程，包括文化基础知识类补习课程、专业类补习课程等。教师在贴近其现有经验的基础上须进一步丰富教学手段，采取多样化的教学方式，通过线上线下结合的教学手段，有机结合学校本位学习和工作场所学习，以更好帮助这类学生群体克服客观困难，完成既定的人才培养目标。

高等学校不仅是文化知识传递的重要场所，也是文化创新的主要基地，更是传播高端文化的关键所在。高等教育承担着认识世界、传承文明、创新理论、资政育人、服务社会的重要职责。教育观念的更新、教材体系的改革、知识体系的重构在文化知识的传递中尤为重要，培养经济社会所需人才和实现人的全面发展更是依赖于高校课程质量的提升。

首先，做好课程教材改革。教材建设作为提高教学质量的保障成为重中之重。"文革"结束至今，我国高等教育的课程教材实现了从无到有、从有到优、从优到精的转变。由国家主导、出版社实施和高等学校教师广泛参与的教材建设体制机制，调动了出版社和广大教师特别是地方院校教师参与编写教材的积极性，繁荣了教材市场，丰富了教材种类和数量，克服了"一纲一本"教材带来的不能因材施教的局限，极大地满足了高等教育大众化背景下学生对个性化、选择性教育的需求①。在政府的主导下，高等教育教材采取国家统编与各高校自编相结合，在思想性、科学性、启发性和教学适用性层面都有了很大提高。在分类化和多样性原则指导下，现今高等教育的教材内容呈现不同层次、不同风格、不同特色，以满足不同类型院校的需求。公共基础课、素质教育课、专业基础课以及新兴学科、交叉学科的教材成为编写和改革的重点。

其次，注重知识体系重构。超越学科逻辑、生活逻辑、应用逻辑的对立，实现应用逻辑、生活逻辑和学科逻辑的同构共生是未来学科结构调整的发展趋势，也是实现高校知识体系重构的变革取向。学科结构作为知识结构的载体，在调整上应树立学科专业引领发展的理念，瞄准国家未来发展重大需求和世界科技最近进展，为国家科技进步和创新发展奠定坚实的人才培养基础②。高校学科体系的设立和变革以办学条件为考量，以办学质量为目标，以社会需求为导向。除了满足学术研究需要，应与经济社会发展相耦合，并赋予知识内在的生命意义，以实现人自由而全面的发展。毫无疑问，学科逻辑在很长一段时间内为改革开放和社会主义现代化建设提供了强大的理论武器和思想装备，特别是自然科学和人文社会科学的交叉融合催生了一系列新兴学科，多种学科的协调发展、学科结构的逐步优化和学科资源的合理分配也是高校知识体系重构的强大支柱，更是实现学科逻辑、生活逻辑和应用逻辑同构共生的基础。国家一系列重点项目建设，例如轨

---

① 中国教育科学研究院. 教育强国之道［M］. 北京：教育科学出版社，2018：20.
② 王战军，张微. 新中国成立70年来我国高校学科结构调整：政策变迁的制度逻辑［J］. 中国高教研究，2019（12）：36-41.

道交通、工程机械、人工智能等领域突飞猛进的发展，在很大程度上得益于高校知识体系的重构。此外，科学精神和人文精神的碰撞所形成的价值体系也在一定程度上加强了高校教学及科研的前瞻性和合作性。

最后，实现课程质量的提升。高校课程质量体系的构建是从设计到过程直至用户的动态机制。设计质量的保障来自专业的设置和调整、人才培养方案的制定和优化、课程的开设和管理、课程教学大纲的制定和实施，每个环节均与国家、社会、产业对于人才培养的要求密切挂钩。专业与课程的新增、合并与取消呈动态调整状态，在经济社会的大浪淘沙中实现课程的最优化设计，在规范有序的教学过程中完成培养任务。过程质量的保障来自诸多利益相关者的过程监督。质量监控主体包括学生、教师同行、学院和学校领导、校院两级督导、专业负责人等，监控环节包括课堂教学、实验教学、实习实践、毕业设计（论文）等人才培养各个关节和教学管理环节①。作为课堂活动的直接参与者和密切观察者，及时提出反馈做出调整。结果质量的保障来自课程学习结果评价和毕业生满意度调查。学科成绩、课程满意度、论文质量、就业率、就业类型是最客观的衡量指标。三个维度相互联结层层递进，对课程质量进行系统性分解，全方位保证了高校课程的开设质量。

2. 规范教育的思想道德塑造功能

《中小学德育工作规程》指出，德育即对学生进行政治、思想和心理素质的教育，是中小学素质教育的重要组成部分，对青少年学生健康成长和学校工作起导向、动力、保证作用。《中共中央

---

① 赵春鱼，吴华. 高校教学质量保障：一个新的分析框架及其检验［J］. 高校教育管理，2018（2）：98-107.

关于加强和改进思想政治工作的若干意见》中明确指出：青少年是祖国的未来、民族的希望。加强对他们的思想道德教育，关系到国家的命运和民族的前途。社会主义国家所培养的合格建设者和可靠接班人须以德为首，除了构建坚实的科学文化知识体系，培养人文素养和科学精神，更需要将"家国情怀"和"社会责任感"的孕育纳入中小学的日常教学中，使其成为"又红又专"的社会主义新人。

第一，大力推进爱国主义和革命传统教育。爱国主义教育是中小学进行思想品德教育和践行社会主义核心价值观的核心，抓好抓牢抓实未成年学生的爱国主义教育，是一切教育的前提。爱国主义和革命传统教育不是一句空洞的口号，需要与开设的各类课程、学生的行为习惯、倡导的文明礼仪紧密结合，使心智尚未成熟的中小学生获得具体化形象化的理解。在入队入团入党等人生的重大节点，通过理论教育和实践引导使学生们了解不同身份的神圣意义和价值，成为少先队员、共青团员、中共党员后的使命与担当，从而增强学生奋发向上报效祖国的自信心和自觉性。在每日佩戴红领巾、升国旗唱国歌的行为习惯中，让学生们了解红领巾代表着红旗的一角，是无数爱国志士的热血才换来革命的成功，初心不能忘，优良传统不能丢。像爱护生命一样爱护国旗，像尊敬国旗那样尊敬红领巾。此外，爱国主义和革命传统教育应从书本迈向信息化媒介，走向社会实践，将课程讲授、影音资料、校园主题活动和实地参观考察等多手段多途径相结合，引导学生树立国家意识，学习爱国知识，增进爱国情感。

第二，不断强化道德与法治教育。立德树人是教育的根本任务，而基础教育阶段的道德与法治教育就是帮助学生扣好人生第一粒扣子，为树立正确的世界观、人生观、价值观奠定思想和行为基础。在当前，就是要以社会主义核心价值观引导道德。社会主义核心价值观的培育与践行，实际上就是社会主义道德的培育与践行。首先是依据社会主义核心价值观制订课程标准，补充、完善现有教材。要将社会主义核心价值观渗透在教材中，让社会主义核心价值观在教材中闪光，"道德与法治"教材更需努力成为社会主义核心价值观教育的图谱①。其次要将道德与法治教育渗透到各门学科的教学中去，充分挖掘教育素材，在案例分享和作品剖析的过程中引导学生掌握基本的法律法规，提升思想道德修养。例如在思想品德课程中融入中国古代或近现代的英雄故事的讲解；在政治和历史课程的教学中，可将国防法规、犯罪预防、商业诚信等基础知识传达给学生；在体育课程的教学中，可将人身伤害事故防范、自我保护教育、关爱弱势群体等案例融入课程教学。最后要将道德与法治教育渗透进校园文化氛围。校园环境氛围是文明程度的重要标志，也是社会价值导向的集中体现。抓住举办各类主题校园活动的契机，通过校园网、宣传板报和横幅等载体，将社会主义核心价值观以中小学生喜闻乐见易于接受的方式进行表达，增强宣传效果。

第三，努力提升集体主义和心理健康教育。良好的班集体是促进学生品德形成与发展的重要环境，也是中小学生集体荣誉感和社会责任感的养成之地。培养良好的行为习惯，建设优秀的班集体，在集体中提升分享、理解与互助意识，也是基础教育阶段德育工作的重要任务。同时，在群体活动中，个人的心理健康问题同样需要关注。部分学生心理素质不健全、反叛心理严重并且缺乏分辨善恶是非的能力，如不在基础教育阶段加以干预和调节，

---

① 成尚荣. 基础教育课程改革的中国方案［J］. 中小学管理，2018（11）：23-27.

对于自身、家庭乃至社会的消极影响难以估量。学校必须着重加强中小学生的心理健康教育，引导学生正确认识自己接纳自己并改变自己，以积极健康的状态投入学习和生活。

职业院校承担着培养数以亿计的高素质劳动者和数以千万计的高技能专门人才的重任，职业院校学生思想道德素质的优劣直接关系到我国这支巨大的产业大军的素质，关系到经济与社会建设，关系到我们国家和民族的未来。加强和改进职业院校学生思想道德教育，提高职业院校学生思想道德素质，对于全面实施科教兴国战略和人才强国战略，提高劳动者素质，培养中国特色社会主义事业合格建设者和可靠接班人，具有重大而深远的战略意义[①]。职业院校的思想道德教育工作涉及从学校到企业、社会各个环节，是一项复杂的系统性工程，需要三方形成合力，共同推动并检验职业院校思想道德教育的成效。

职业院校除了教授岗位必备的专业知识和基本技能外，更应切实抓好学生世界观、人生观、价值观的塑造和培养，这不仅仅是开设一门政治课、一门通识课、一门原理课，更是构建起从学校小课堂走向社会大课堂的精神桥梁。职业院校的思想政治理论教学围绕"思想道德修养与法律基础"、"形势与政策"与"毛泽东思想和中国特色社会主义理论体系"等课程展开，全面推动习近平新时代中国特色社会主义思想进教材进课堂进头脑。职业教育的受众群体相对来说比较复杂，与经济社会的联系也最为密切，容易被大众媒介中的不良信息诱导，从而产生思想和行为的偏差。要把社会主义核心价值观作为其学习生活的基本遵循，在落细、落小、落实上下功夫。专业技术的积累固然重要，但同时也要警

---

① 李克山. 加强职业院校学生思想道德教育的探索［J］. 求知，2012（6）：40-41.

惕实用主义思想所衍生的功利主义、机会主义倾向对职校学生的侵蚀。以课堂为主阵地，充分利用好典礼、讲座等重大仪式、重大纪念日和民族传统节日，提升思想政治教育的感染力、说服力。帮助学生提高明辨是非善恶的能力，坚定政治立场，始终拥护社会主义制度和中国共产党的领导不动摇。

相较于基础教育和高等教育，职业教育中职业精神、职业理想、职业素养的提升应当摆在更为突出的地位。要将专业意识、专业兴趣和专业精神的培养自始至终和职业道德教育相结合，把校园文化和企业文化转化为学生内在的自我约束。在课堂教学中引导学生认真执行职业生涯规划，树立爱岗敬业、精益求精的工匠精神，增强职业使命感；在校园主题活动中充分调动学生的组织和参与热情，树立大局意识和协作意识，帮助学生培养弘扬个性、勇于担当的主体精神；在社会实践活动中依托本地文化资源和风土人情，带领学生走出校园走向基层第一线，培育学生服务社会、扶困助弱的奉献精神；在参与企业实习实训过程中，让学生更为直观地了解市场需求、就业前景、技术应用及工资待遇，认真对待每个工种，扎实做好每个环节，引导学生培养诚实守信、吃苦耐劳的实干精神。总而言之，供需双方协同、共赢的价值创造，离不开职业教育特别是职业道德教育对学生择业观、就业观和创业观的培育。

职业院校的生源多样性以及学生素质的参差不齐是思想道德教育特别是心理健康教育的最大挑战，学习动机、学习兴趣、情感表达及性格色彩的差异性直接影响着学生健康的心理品质和良好的心理素质的养成。职业院校的学生：一方面渴望自主、自立、受关注、受尊重；另一方面又缺乏自我认同，极易产生自卑心理。一方面精力旺盛、情感充沛；另一方面又不善于控制调整情绪，容易产生极端心理。一方面迫切希望在团队协作和专业领域有所成就；另一方面又缺乏学习的动力和热情，极易被矛盾心理所左右。教师应通过专业的心理指导课程，并充分利用校园心理咨询中心的功能，在学生的日常生活中倾入更多的关注和引导，与学生展开充分的思想情感交流。利用赏识教育克服学生的自卑心理，帮助学生欣赏并接纳自己，坚定前行的信心；合理开展挫折教育疏导学生的矛盾心理，通过创设情境使其真正认识自己，增强耐挫能力，学会在逆境中锻造更卓越的自己；全程融入感恩教育化解学生的功利心理，理解父母的养育之恩，感谢师长的教诲之恩，不忘朋友的帮助之恩，回报国家的培养之恩，这也是责任意识和健全人格的体现。

习近平总书记在全国高校思想政治工作会议上强调指出："我国高等教育肩负着培养德智体美全面发展的社会主义事业建设者和接班人的重大任务，必须坚持正确政治方向。"① 培养什么人、怎样培养人、为谁培养人，历来都是各个国家、各个高校高度关注的问题。在经济全球化的背景下，人才培养的价值导向出现新的复杂情况，坚持社会主义办学方向也面临新的挑战。对此，我国的高等教育始终把立德树人放在第一位，及时将党的理论方针政策转化到思想政治理论课和形势政策课堂中，不断提高思想政治理论课的质量和影响力，进而培育学生坚定的理想信念，提升学生的思想政治素质；通过国情教育、社会实践，不断激发学生的爱国热情；通过师德典型引领，不断强化学生思想道德和学术规范的内在自觉②。

首先，促进马克思主义的坚持与运用。马克思主义是我们立

---

① 习近平在全国高校思想政治工作会议上强调　把思想政治工作贯穿教育教学全过程　开创我国高等教育事业发展新局面 [N]. 人民日报，2016－12－09（1）.

② 夏文斌. 改革开放以来中国高等教育的新发展 [J]. 中国高等教育，2018（19）：20－23.

党立国的根本指导思想，是中国共产党人的"真经"，也是当代大学生应当坚持的科学信仰。通过 2005 年中共中央宣传部、教育部《关于进一步加强和改进高等学校思想政治理论课的意见》及实施方案（简称"05"方案）确定的本科院校思想政治理论课的开设，深化对马克思主义基本理论的学习和掌握。在"马克思主义基本原理概论"课程教学中，坚持用马克思主义的科学理论武装头脑；在"毛泽东思想和中国特色社会主义理论体系概论"课程教学中，集中讲述现代和当代中国的基本国情，推进马克思主义的中国化时代化大众化；在"中国近现代史纲要"课程教学中，在了解国史、国情的基础上，深刻领会历史和人民是怎样选择了马克思主义，选择了中国共产党，选择了社会主义道路以及选择了改革开放；在"思想道德修养与法律基础"课程教学中，以发展的马克思主义为指导，引导大学生科学地认识客观世界和主观世界，树立正确的世界观、人生观和价值观，树立正确的人生导向，做一个有理想有道德、奉公守法、勤奋奉献的社会主义建设者。课堂是进行思想政治教育、捍卫马克思主义在意识形态领域指导地位的主阵地，任何情况之下都必须旗帜鲜明、毫不动摇。此外，我们还要牢记习近平总书记的指示和要求，把学习和贯彻党的创新理论作为思想武装的重中之重，同学习党史、新中国史、改革开放史、社会主义发展史等"四史"结合起来，使广大师生从中自觉领悟出"马克思主义为什么行"、"中国共产党为什么能"以及"中国特色社会主义为什么好"等重要问题的答案。

其次，培育和践行社会主义核心价值观。习近平总书记指出："要坚持不懈培育和弘扬社会主义核心价值观，引导广大师生做社会主义核心价值观的坚定信仰者、积极传播者、模范践行者。"①

---

① 习近平. 习近平谈治国理政：第 2 卷 [M]. 北京：外文出版社，2017：377.

一方面，深入开展培育和弘扬社会主义核心价值观活动，是高校教育活动的必要任务；另一方面，思想政治教育决定了学生践行社会主义核心价值观的恒心，创新人才是建立在践行社会主义核心价值观基础之上而存在的①。要把社会主义核心价值观的基本内容和要求渗透到高等教育教学的各个环节，在"思政课程"和"课程思政"的双轮驱动中培育和践行社会主义核心价值观，使之成为高校师生的共同价值追求、自觉遵循的行为准则。立足中华优秀传统文化，深入挖掘其中蕴含的丰富的思想观念、人文精神和道德规范。讲好中国故事，包括抗战故事、改革故事和战疫故事等，传播好中国声音，传播中国大勇、大仁、大智、大爱的历史最强音。在主题鲜明形式丰富的各项活动中，营造培育和践行社会主义核心价值观的生活情景和社会氛围，真正做到入脑入心。

最后，加强心理健康教育和引导。大学生心理健康教育与学生的人格品行养成、学风党风建设、校园日常管理等都有着密切联系。针对大学生常见的心理问题和情绪困扰，通过开设"大学生心理健康教育"课程，从理论层面帮助学生剖析自我意识、学习心理、恋爱心理和择业心理，通过案例和专业的调试方法引导学生管控情绪，培养高级情感。同时通过心理咨询中心等专业机构的设置，建立心理指导老师和学生一对一的情感沟通桥梁，共同应对并解决常见的心理障碍与心理疾病，增强其承受应对挫折的能力。帮助自我意识突出且情感激烈复杂的大学生们正确认识自己，进而善待他人，服务社会，忠于祖国。部分高校以开展心理健康宣传月等主题活动为契机，宣传大学生心理保健知识，提高大学生心理援助的能力，培养校园良好的心理氛围，效果较好。

---

① 杨照帅. 新时代思想政治教育与创新人才培养［J］. 人民论坛，2018（32）：116-117.

3. 创新教育的社会实践培育功能

"社会实践"是中国基础教育字典中缺失多年的"关键词"。21 世纪初开始的我国基础教育课程改革将它上升到"为了中华民族的复兴"和"为了每位学生的发展"的高度，又一次为中国基础教育改革把准了方向①。社会实践教育是为中小学生开启人文历史之门和解锁自然科学奥妙的"金钥匙"，在一定程度上克服了传统课堂教学中的"功利性"色彩和"封闭性"特征，培养了学生的创造性思维和实践操作能力。

以劳动实践、志愿者活动、主题节日等方式引导学生走出教室，在分享、尊重与合作中感受校园生活的特殊意义。为构建德智体美劳全面培养的教育内容体系，中共中央、国务院于 2020 年 3 月发布了《关于全面加强新时代大中小学劳动教育的意见》，再次强调劳动教育是中国特色社会主义教育制度的重要内容，直接决定社会主义建设者和接班人的劳动精神面貌、劳动价值取向和劳动技能水平。在基础教育阶段应设立劳动教育必修课程，系统加强劳动教育。中小学劳动教育课每周不少于 1 课时，学校要对学生每天劳动的时间做出规定。针对不同学段、类型学生特点，以日常生活劳动、生产劳动和服务性劳动为主要内容开展劳动教育。使学生树立正确的劳动观，热爱劳动人民、珍惜劳动成果，养成勤于劳动的习惯。同时，通过校园学雷锋活动、公共区域整理清扫、美化校园环境、维护校园安全等志愿者服务活动，帮助学生从小培养"奉献、友爱、互助、进步"的志愿者精神。

新世纪以来，校外实践的范畴已经不仅仅局限于走马观花式的参观考察和义务劳动，而是更多地围绕课程主题进行，使之制

---

① 丁强. 在基础教育中凸显"创新思维"和"社会实践"的地位［J］. 人民教育，2011（11）：8.

度化和具有针对性。部分中小学已经探索建立了丰富多样的实践基地以及必要的保障机制，在国家的政策资金帮扶下，能将更多资源及时有效地为广大中小学生、教师所共享。例如山西省首批重点中学、示范性中学风陵渡中学拥有一厂（校办海绵厂）、一田（农科试验田）、一带（花椒树林带）、一园（果园）和学农实验室，形成了农科实践基地群。北京市中小学生社会大课堂研究，由北京市教育行政部门牵头，基础教育教学研究室具体负责，整合北京市丰富的人文和自然资源，搭建服务学校、教师、学生的校外社会实践平台①。这些做法，一方面保障了社会实践活动的组织有序性和实施安全性；另一方面在具体的社会情境中带领学生深度体验感知，在研究性学习、项目学习、生存体验学习中引导学生回归生活。

职业院校致力于为社会培养实践性、应用性和创新性兼备的人才，社会实践必然是职业教育教学的重要环节，是学生从社会中学习、在实践中锻炼的重要形式，是推进素质教育、服务学生就业和服务社会发展的有效载体。作为课堂教育的补充和延伸，社会实践是职业院校学生成长成才的必由之路，可视为人才"二次培养"的必要途径。其主要通过各类技能大赛、实习与实训提升竞争意识、探究意识、合作意识和创新意识。

职业技能大赛是培养和选拔人才的重要方式，也是高素质技能型人才实践教育成果展现个人风采的绝佳舞台。职业技能比赛赛项的设置密切结合生产和经营工作的实际，并以操作技能和解决问题能力的考核为重点，由国家、省（区、市）等，乃至各院校依据国家职业技能标准组织实施。职业技能大赛充分展示了职业教育改革

---

① 柳夕浪. 理论如何与实际相联系：首届基础教育国家级教学成果奖评析之二［J］. 人民教育，2014（20）：29-32.

发展的丰硕成果，集中展现了职业院校师生的专业风采。竞赛促进了职业院校与行业企业的产教结合，通过专业的指导和榜样的力量，促使职校学生在认真研修理论知识的同时，提高解决问题力求突破创新的能力，从而更好地为经济建设和社会发展服务。

职业院校学生要掌握扎实的技能，离不开完善的实习实训体系。除了良好的师资条件和先进的仪器设备，更需要社会企业的积极参与，使课堂教学和岗位需求形成有效的衔接。首先，模拟实训和实操教学相结合，推动校内实训的制度化体系化。职业院校应严格按照课程培养目标，制定实施计划，开设切实有效的实训课程。建设一批高起点、高标准校内实训基地，使实训真正贴近企业岗位。引导学生在掌握必备知识的同时，能够在特定的时间内完成装载、维修、调试等专业动作，掌握必备的技术技能。其次，加强企业实训基地建设，积极与企业开展合作式和订单式培养。产教融合型实训基地建设，是深化"工学结合""校企合作"的重要举措。校企双方筹资共建或依托企业而形成的实训基地，是合作式和订单式培养模式的载体。合作式和订单式培养一方面缓解了企业招工难用工难的问题，大大降低了人员流动的频率及人员流动带来的损失；另一方面也帮助职业院校根据人才需求合理设置专业，提高学生就业率和社会满意度。

习近平总书记在2013年的"五四"青年节同各界优秀青年代表座谈时指出，广大青年"要坚持学以致用，深入基层、深入群众，在改革开放和社会主义现代化建设的大熔炉中，在社会的大学校里，掌握真才实学，增益其所不能，努力成为可堪大用、能担重任的栋梁之材"①。社会实践在高等教育中具有特殊的教育功

① 习近平. 习近平谈治国理政［M］. 北京：外文出版社，2014：51.

能，是提高大学生人文素质的主阵地，是课堂教学的延伸和走向社会的过渡，更是培养和提高学生实际动手能力的重要手段。教育部等部门联合发布的《关于进一步加强高校实践育人工作的若干意见》要求"以强化实践教学有关要求为重点，以创新实践育人方法途径为基础，以加强实践育人基地建设为依托，以加大实践育人经费投入为保障，积极调动整合社会各方面资源，形成实践育人合力"①。

校内实践一方面依托课堂的"多元式互动"，包括课堂讨论、主题分享和辩论赛等形式，通过特定的专题和情境展开实践教学。以思政课为例，在"毛泽东思想和中国特色社会主义理论体系概论"课程中采取探究式教学法，巧用时政热点，深化理论知识，将独立学习和合作讨论相结合，分小组对关键问题进行解难释疑；在"中国近现代史纲要"课程中通过创设历史情境、渲染历史氛围、重现历史过程，让学生演绎并体验"历史上的今天"，培养综合能力，提升人文素养。校内实践另一方面依赖校园文化资源的开发和利用。学生社团、主题活动是校园文化建设的基础和载体，学生将理论知识、兴趣爱好、专业才能融入各项比赛活动中，做到知行合一，学以致用。同时依托校内实习实训基地的建设，通过提高师资水平、扩充实训设备、增加实习岗位等方式扩大实习实训的覆盖面并提高实践的针对性有效性。让学生在了解社会动态与需求的同时，强优势补短板，提升利用专业知识解决实际问题的能力。

校外实践是培养大学生创新创业能力和责任担当意识的重要途径。一方面，高校需借助本土丰富的人文历史资源，积极搭建

---

① 檀江林，郑晴晴. 理念、内容、机制："多元互动式"大学生社会实践模式构建［J］. 教育探索，2016（11）：88-91.

校外实习实践基地。例如：充分挖掘红色教育资源，通过参观学习的方式扎实开展革命传统教育，传承红色基因，切身感受红色革命实践和红色文化资源的感召力；依托专业优势，区域联动开展志愿服务，走进教室、走进社区、走进乡村，在奉献社会中增强责任感、使命感；鼓励学生在学有余力的情况下参观企业、访问企业家或到企业挂职锻炼等，引导学生真正走上社会。另一方面，建立和完善产学研用合作教育平台，实现高校功能从人才培育、科学研究到社会服务的延伸。产学研用平台致力于促进教学、科研与生产实践的有机结合，把理论知识转化为科研成果，将科研成果最终转化为生产力，为大学生提供真枪实战的创业就业体验和市场化锻炼，以达到人才培养、科研发展与经营效益并举的目的。

# 坚持社会主义办学方向的理论意义和时代价值

坚持社会主义办学方向，是习近平总书记在全国教育大会讲话中"九个坚持"的重要论述之一，是新时代我国教育工作必须坚持的根本原则，是中国特色社会主义教育发展道路的核心要求，具有重要的理论意义与时代价值。

# 一、坚持社会主义办学方向的理论意义

坚持社会主义办学方向，体现了教育发展的自身规律，是我国教育发展历程的正确选择与宝贵经验总结，是未来我国教育事业继往开来的重要依靠，为中国特色社会主义教育发展指明了前进道路，体现了党对教育事业的坚强领导与继续强化党组织建设的重要性，强化了社会主义意识形态建设的主体地位，丰富和发展了马克思主义教育理论，具有重要的理论意义。

1. 坚持社会主义办学方向，彰显了教育发展基本规律的共同特征

中国的教育发展之路，必须遵循教育发展的规律，满足教育发展的条件，体现教育发展基本规律的共性。同时，也须符合本国的国情与实际情况，符合中国教育传统与现实需求的个性。教育是立国之本，教育是强国之道，办好人民满意的教育，是国家走向现代化的基础，是提高一个国家科技创新能力的先决条件。国家办理教育的根本宗旨是服务人民，满足人民群众对公平而有质量的教育需求。与西方发达国家相比较，我国办理现代教育的时间并不长，教育基础薄弱，教育条件落后，地区发展水平参差

不齐。

中国在人口多、底子薄、基础差的情况下，办理现代教育，必须遵循教育发展的内在规律，激发教育内生动力，实现由教育大国迈向教育强国的目标。为此，新中国成立以来，我国充分发挥集中力量办大事的社会主义制度优势，加强识字运动，开展全面扫盲，为现代教育的稳步发展创造了基本条件。改革开放后，我国利用快速发展的经济基础，大力整合教育资源，努力提高教育投入，加强教育基础设施建设，在全国范围内逐步普及九年义务教育，同时发展优质高级中学教育，为高等教育培养大批符合时代需要的有发展潜力的青年才俊。最值得称道的是我国自恢复高考以来，高等教育迎来了崭新的春天。进入 21 世纪以来，我国高等教育规模快速扩张，转向大众教育，快速发展研究生教育，更多青年学生有了享受高等教育的机会。这种教育发展的基本历程为全面提高我国国民素质、实现教育内涵式发展做出了重要贡献。

当然，我国的教育发展还存在不平衡、不充分的问题，人民期待获得更好的教育资源、更公平的教育机会、更优质的教育服务。必须承认的现实是，我国的教育发展已经迈上一个又一个新台阶，实现了由量的扩展向质的提高的全面转变。所有这一切，符合教育发展的基本规律。

其一，符合教育发展的有序性规律。十年树木，百年树人。一个国家办教育，必须井然有序，经历从夯实基础到量的增加再到质的提升等阶段；绝不能搞脱离实际的教育"大跃进"，力避教育发展中的浮夸风。教育要立足当下，放眼长远，一步一个脚印，一步一个台阶，有条不紊，稳步推进素质教育与创新教育，全面提高教育水平。从教育发展的有序性而言，无论是发达国家还是发展中国家，都必须遵循这一基本规律，这是一个永恒不变的真理。

其二，符合教育发展的公平性规律。在现代社会和现代国家，每个人都有享受教育的权利，每个人都有接受教育的义务。发展教育是一项长期的公共事业投入，持续长，规模大，投入多，见效慢。近年来，我国通过以政府投资为主、多种渠道办学等方式，无论是经济文化相对发达的东部沿海地区，还是相对落后的中西部地区，全面实现了九年义务教育。同时，加快发展继续教育和成人教育，努力让全体人民共享推进教育公平的成果。正因为这种公平性原则，我国的教育发展实现了整体性提升，国民素质普遍提高，为经济社会发展注入了源源不断的动力。

其三，符合教育发展的优先性规律。一个国家的经济社会与文明程度在根本上是由教育水平决定的。新中国刚刚成立时，我国处于一穷二白的状态，党和政府大力推进教育事业，优先发展教育，开展扫盲运动，推进高等教育改革，构建了符合我国国情的教育体系。"文革"期间，受"左"的思潮的影响，教育发展一度受挫，教育体系混乱，社会发展停滞。党的十一届三中全会以来，党中央及时拨乱反正，我国在普及九年义务教育上不遗余力，大力发展职业教育，不断提高高等教育的规模和层次，实现了整个国民教育层次的快速提升，培养了大量的科技创新人才，为推进改革开放事业发展奠定了坚实的人力基础和科技基石。

2. 坚持社会主义办学方向，彰显了党对教育事业的坚强领导

中国的教育发展之所以能取得伟大的成绩，最根本的原因是有党对教育事业的坚强领导，保证社会主义办学方向的永不动摇，这也是最根本的中国特色。历史证明，中国共产党的集中统一领导是社会主义事业的根本政治前提，是建设社会主义现代化强国的重要依靠，也是实现中华民族伟大复兴的希望所在。坚持党对

教育事业的坚强领导，是社会主义国家教育的本质特征，是永葆社会主义教育本色的前提，是贯彻落实党的教育方针的保证。

众所周知，中国特色社会主义事业取得伟大成功的关键在党的领导，这是历史的选择，也是人民的选择。"党政军民学，东西南北中，党是领导一切的。"党的十九大报告指出："中国特色社会主义最本质的特征是中国共产党领导，中国特色社会主义制度的最大优势是中国共产党领导，党是最高政治领导力量。"习近平总书记在庆祝全国人民代表大会成立 60 周年大会上指出："中国共产党的领导是中国特色社会主义最本质的特征。没有共产党，就没有新中国，就没有新中国的繁荣富强。坚持中国共产党这一坚强领导核心，是中华民族的命运所系"[①]。中国教育发展的根本前提就是坚持和完善党的领导，加强党的组织建设，强化党的领导，充分发挥党组织在学校的政治核心作用，保证党在高等教育发展过程中均处于绝对领导地位。

新中国成立以来，党始终把教育工作与党的中心工作紧密联系在一起，紧紧围绕党所肩负的历史使命，从识字扫盲运动到发展基础教育，注重教育的普及，以提高人民群众思想道德和科学文化素质，大力发展高等教育，全面提高国家的总体教育水平。正是在党的坚强领导下，在全国人民的共同努力下，社会主义教育事业得到了快速发展，九年义务教育全面普及，整体教育水平迈上了新台阶，教育教学的基础条件得到极大改善。

尤其是我国的高等教育，在坚持社会主义办学方向的前提下，在党的坚强领导之下，实现了从量的发展到质的飞跃，国际人才竞争实力明显增强，高校影响力不断扩大，"双一流"建设加快发

① 习近平．习近平谈治国理政：第 2 卷［M］．北京：外文出版社，2017：18.

展，整个教育事业呈现出波澜壮阔、气势恢宏的大好局面。近年来，更是实施协同创新计划，努力提高高等教育的协同创新能力。但我们也应清醒认识到我国高等教育所面临的问题与挑战。一是高等教育在经历了一个快速发展时期后，又面临亟需实现内涵式发展转变的重任，大多数高校还在完成爬坡迈槛的艰巨任务，不少高校还承担着整体升级或结构调整的任务；二是当前党情、国情、世情正在发生深刻变化，通过多年的改革开放，我国经济快速发展，综合国力迅速增强，正日益走近世界舞台的中央，迎来了由大变强的关键时期，高等教育开始转向与世界先进国家的竞争阶段，但教育发展还受到诸多主客观因素的制约；三是高等院校的改革和发展面临许多前所未有的挑战，如何做到既与国际接轨又坚持自身特色，做好高等教育外延扩展，又走快速内涵发展道路等，是当前我国教育发展亟需思考的重要问题。

面对教育发展事业所面临的挑战，最重要的经验就是坚持党的领导，保证社会主义办学方向不动摇，保证党的路线、方针、政策在各级各类学校顺利贯彻与执行，保证党的意志不偏离，这是历史的经验，也是现实的需要。习近平总书记强调，加强党对教育工作的全面领导，是办好教育的根本保证。教育部门和各级各类学校的党组织要增强"四个意识"、坚定"四个自信"，坚定不移维护党中央权威和集中统一领导，自觉在政治立场、政治方向、政治原则、政治道路上同党中央保持高度一致①。总书记高度强调了教育工作的政治站位，就是要求始终把各级学校党的政治建设挺在前面。

为有效应对国际国内大局的变化，教育领域必须进一步坚持

---

① 习近平在全国教育大会上强调 坚持中国特色社会主义教育发展道路 培养德智体美劳全面发展的社会主义建设者和接班人［N］. 人民日报，2018-09-11（1）.

党的领导，加强党的政治建设，政治立场坚定，政治态度明确，坚定不移地维护以习近平同志为核心的党中央权威和集中统一领导，坚定不移地贯彻党的教育方针，保证新时期教育事业发展的政治方向，永葆教育发展与党的方针政策的高度统一。

3. 坚持社会主义办学方向，彰显了教育系统党组织建设的重要地位

我国各级各类学校的治理体系是党委领导下的校长负责制，加强党的组织建设，强化党对教育的根本领导，是中国教育体现社会主义办学方向的重要依靠。因此，在各级各类学校大力加强党的组织建设，健全党的各级组织，是全面实施教学、研究与人才培养等各项工作的重要保证，也是全面贯彻党的政策的前提和保证。以高校为例，高校的党组织主要由三级构成，即学校党委、二级单位党组织、基层党组织。其中学校党委是各高校的领导核心，各大学章程明确规定各学校实行党委领导下的校长负责制。学校党委是在上级各级主管部门的领导下开展工作，始终保持高度的政治敏锐性和责任感，在风云变幻的国内外形势中，毫不动摇地与党中央完全保持一致，做到上级主管部门有令必行、有禁必止，并创造性地开展各项工作。在具体运行中，学校党委要积极发挥民主集中制的制度优势和组织优势，按照"集体领导、民主集中、个别酝酿、会议决定"的要求，按照"三重一大"的原则，重大决策要经过广泛酝酿、充分讨论和民主决策的过程。要坚决贯彻规范的议事原则与决策机制，坚持"党委领导、校长负责、教授治学、民主管理"的基本原则，正确处理好"党委领导"与"校长负责"的关系，加强党委集体领导、集体决策，避免个人包揽和权力独行。党委领导下的校长负责制，是中国特色社会主义大学的根本领导体制，是中国特色现代大学制度的重要内容，

是高校贯彻党的领导体制的基础。要强化党委管党治党主体责任，提升办学治理能力和水平，用习近平新时代中国特色社会主义思想武装全体党员教师的头脑，将学校党组织建设成为坚强的战斗堡垒。要突出强调基层党组织的作风建设，以纯洁优良的党风净化政风、教风和学风，为领导干部决策层提供良好的内部环境。事实证明，只有充分发挥党组织在学校中的政治核心作用，才能保证社会主义办学方向。如果学校党委的主体意识弱化或担当精神不足，党委议事决策机制不强，学校的发展就会出问题，党的政策贯彻就会出现偏差。

学院党委（党总支）或二级管理机构的党组织是高校党组织二级单位，直属于学校党委领导，是贯彻党委决策的中间环节，承担着二级党组织的政治建设与组织建设任务，保证党的方针政策的正确执行。党的基层组织，是党的全部工作和整体战斗力的基础。加强和改进党的基层组织建设，是党的建设中的一项常规工作，也是一项长期任务。为此，在高校党委及其二级党组织，要实施目标考核责任制，根据学校党建工作和基层组织建设任务，按照"细化、量化、科学化"的要求，推行目标管理，由"软任务"变成"硬指标"，把党的组织建设成为一个风清气正、精明强干的领导集体。

一个支部是一个堡垒，一个党员是一面旗帜。高校基层党组织指的是教研室（系、所）或班级党支部，学校应把优秀中青年教师和学生骨干吸收到党的队伍中来；同时，要民主评议党员，表彰优秀党员，严肃处置不合格党员，使基层党组织永葆活力，基层党员充满战斗力。基层党组织的建设和发展，对大力推进教育教学与科学研究，促进高校各项事业的顺利发展具有重要推动作用。高校主要承担人才培养、科学研究、社会服务与文化传承四项职能，所有工作围绕这四项展开，尤其是在人才培养和科学研究上，更是高校建设的重中之重。但是，这并不意味着用教学和科研代替党的建设，而是要求高校党委根据需要，紧紧围绕提高教学质量、科研水平和办学效益开展党的活动，通过党建活动促进教学科研，并以此作为检验党建工作成效的主要标准。高校应将党建工作和行政工作融为一体，力避出现基层党建和教学科研互不干涉的"两张皮"现象。加强教师队伍基层党支部建设，积极开展各项卓有成效的党支部活动，努力探索把有条件的党务工作者培养成学术带头人或学术骨干，把行政系统主要负责人、学科带头人培养成基层党组织的负责人，从而形成"一岗双责"，实现党务工作与教学科研工作的"双肩挑"。

4. 坚持社会主义办学方向，彰显了社会主义意识形态建设的主体地位

强化社会主义意识形态，是社会主义社会教育与资本主义社会教育最鲜明的区别。坚持社会主义办学方向，就是持续推进社会主义意识形态建设，筑牢永葆社会主义办学方向的思想基础。一个政权的瓦解往往是从思想领域开始的，政治动荡、政权更迭可能在一夜之间发生，但思想演化是个长期过程。习近平总书记强调，"意识形态工作是党的一项极端重要的工作，事关党的前途命运，事关国家长治久安，事关民族凝聚力和向心力"①。习近平总书记强调，"宣传思想工作的根本任务，就是要巩固马克思主义在意识形态领域的指导地位，巩固全党全国人民团结奋斗的共同思想基础"②。社会主义意识形态是社会主义国家教育的主阵地，

---

① 中共中央文献研究室. 十八大以来重要文献选编：上［M］. 北京：中央文献出版社，2014：464.

② 同①465.

并非与生俱来，而是通过全面教育、深化斗争等多种方式，通过与西方各种错误思潮的斗争而逐渐形成的。

中国作为社会主义国家，长期受到西方各种价值观的影响，也是西方实行"和平演变"的重点对象。西方国家通过思想文化的渗透，在当代中国青年中传播西方民主价值观念，散播西方普世价值。从某种意义而言，1989年春夏之交的政治风波就是社会主义意识形态受到西方"和平演变"思想影响的结果。因此，必须加强对全体教职员工的思想政治工作，统一思想，凝聚人心，团结力量，最大限度调动一切积极因素，强化社会主义意识形态，确保各级各类学校各项工作的顺利完成。

党的十八大以来，我们党高度重视意识形态工作，在学校广泛开展各种爱国主义教育、主流思想文化教育、主题教育，努力清除西方价值观念的影响，始终牢牢掌握意识形态工作领导权，不断充实和丰富意识形态工作的新内容，使党对意识形态工作规律的认识和把握达到新水平、新境界，并积累了意识形态工作领导的新经验。我们党也高度重视意识形态的斗争，不断强化社会主义意识形态，加强对主媒体、自媒体等多个意识形态平台的领导，牢牢把握学校意识形态工作领导权、管理权、话语权，坚持马克思主义指导地位不动摇，坚持不懈传播马克思主义科学理论，抓好马克思主义理论教育，构筑一道防范资本主义意识形态的钢铁长城，确保学校意识形态的安全，为学生成长奠定科学的思想基础。

各级各类学校不仅是宣传马克思主义的阵地，更是与其他各种非马克思主义意识形态较量的主阵地。对于这个阵地，社会主义如果不去占领，资本主义就会去占领。近些年来，在全球化、市场化、网络化等因素的影响和冲击下，广大师生的思想体系和价值取向日益呈现出选择性、独立性和多样性特点，教育领域必

然面临诸多挑战，加强意识形态建设日益显示出迫切性。2015 年
1 月，中共中央办公厅、国务院办公厅印发的《关于进一步加强
和改进新形势下高校宣传思想工作的意见》明确指出，加强高校
意识形态建设，是一项"战略工程"、"固本工程"和"铸魂工
程"，"事关党对高校的领导，事关全面贯彻党的教育方针，事关
中国特色社会主义事业后继有人"，意义重大。习近平总书记在全
国高校思想政治工作会议上指出："高校是意识形态工作的前沿阵
地。高校、院（系）等党组织书记、行政负责人要担负起政治责
任和领导责任，认真落实意识形态工作责任制，敢抓敢管、敢于
亮剑，做到守土有责、守土负责、守土尽责。"①这就要求把意识
形态工作与各项业务工作同部署、同落实、同检查、同考核。为
此，学校各级党组织成立了主管意识形态工作的领导机构，由专
人负责，各领导小组定期分析和研判意识形态领域出现的新情况，
及时处置新问题，尤其对重大事件与敏感问题，有针对性地进行
分析，同时通过权威媒体及时发声，引导广大师生树立正确的意
识形态观。

　　加强社会主义意识形态建设，也是彰显中国特色社会主义道
路自信、理论自信、制度自信、文化自信的必然要求，是努力办
好中国特色教育事业的必然要求。国与国的竞争是综合国力的竞
争，是科学技术领域的竞争，是人力资源的竞争，是教育发展的
竞争，更是意识形态领域的竞争。越是面临复杂多变的内外环境，
越是面对艰巨无比的挑战和困难，我们就越是要牢固树立社会主
义意识，防范各种挑战和风险。面对当前意识形态领域的新情况
新问题，我们必须进一步增强阵地意识，切实做好各级各类学校

---

① 中共中央文献研究室. 习近平关于社会主义文化建设论述摘编 [M]. 北京：中央文献出
版社，2017：64.

宣传思想工作，加强理论宣讲，发挥学校宣传思想工作引领思潮、培塑价值、凝聚人心、汇聚力量的强大作用，用中国特色社会主义理论武装头脑，用社会主义核心价值观凝聚人心。学校领导要率先垂范，成为宣传思想工作的有力组织者；教师要亲力亲为，成为社会主义优秀文明的自觉传播者；学生要学好本领，成为中国特色社会主义的坚定信仰者、维护者和建设者。

坚持社会主义办学方向，就是要不断吸收和弘扬中华民族的优秀传统文化，努力推动中华优秀传统文化创造性转化、创新性发展，使之历久弥新。社会主义意识形态之所以能够占领主阵地，还是因为它具有深厚的根基。它与中华优秀传统文化相辅相成、相得益彰。我国的社会主义现代化建设与西方国家的建设目标根本不同，我们是要建设中国特色社会主义，立足于我国的实际情况，继承和发扬优良传统，弘扬正能量，唱响主旋律。社会主义意识形态继承了新民主主义革命时期不断锻造并产生深刻影响的革命文化，努力发展社会主义先进文化，做到不忘本来、吸收外来、面向未来，更好地构筑中国精神、中国价值，形成彰显特色的中国力量。

教育事业的发展，应充分发挥文化传承的功能，在此基础上强化社会主义意识形态，培育和弘扬社会主义核心价值观，把社会主义核心价值观融入国民教育的全过程，做到落细、落小、落实，入耳、入脑、入心，从而使广大师生自觉成为社会主义核心价值观的坚定信仰者、积极传播者、模范践行者。

## 二、坚持社会主义办学方向的时代价值

坚持社会主义办学方向不是空洞的口号，它反映社会主义高

等教育的"中国特色"，是新时期高校工作的行动纲领和基本遵循，是与时俱进的教育发展的根本指导方向，是历史性与时代性的有机统一，具有重要的时代价值。

1. 坚持社会主义办学方向，为立德树人的教育发展指明了方向

立德树人是中国长期以来一以贯之的教育目标。坚持社会主义办学方向，就为立德树人的教育发展指明了前进的道路。

其一，立德树人是学校教育最本质的目标。回顾党的光辉历程，我们党领导人民在创建和发展新民主主义教育、探索和实践社会主义教育的基础上，开辟了一条中国特色社会主义教育发展道路。全面贯彻党的教育方针，立足基本国情，遵循教育规律，推进教育事业科学发展，培养德智体美劳全面发展的社会主义建设者和接班人，办好人民满意的教育，建设人力资源强国。1949年9月召开的中国人民政治协商会议第一届全体会议通过的《中国人民政治协商会议共同纲领》规定："中华人民共和国的文化教育为新民主主义的，即民族的、科学的、大众的文化教育。人民政府的文化教育工作，应以提高人民文化水平，培养国家建设人才，肃清封建的、买办的、法西斯主义的思想，发展为人民服务的思想为主要任务。"1957年，毛泽东同志在《关于正确处理人民内部矛盾的问题》中强调："我们的教育方针，应该使受教育者在德育、智育、体育几方面都得到发展，成为有社会主义觉悟的有文化的劳动者。"[1] 1978年4月22日，邓小平同志在全国教育工作会议上指出："毫无疑问，学校应该永远把坚定正确的政治方向放在第一位。"1987年2月18日，在会见加蓬总统邦戈时，邓

---

[1] 毛泽东. 毛泽东文集：第7卷 [M]. 北京：人民出版社，1999：226.

小平同志说:"我们提出要教育人民成为'四有'人民,教育干部成为'四有'干部。'四有'就是有理想、有道德、有文化、有纪律。"① 1989 年 9 月 29 日,江泽民同志指出:"各级各类学校不仅要建立完备的文化知识传授体系,而且要把德育放在首位,确立正确的政治方向。"2018 年习近平同志在北京大学师生座谈会上指出:"人才培养一定是育人和育才相统一的过程,而育人是本。人无德不立,育人的根本在于立德,这是人才培养的辩证法。办学就要尊重这个规律,否则就办不好学。"② 一所高校一旦在办学方向上走错了,在培养人的问题上走偏了,那就像一株歪脖子树,无论如何都长不成参天大树。思想政治工作是答疑解惑的工作,要帮助学生树立正确的世界观、人生观、价值观,精准定位人生航向。

德为国之重器。立德树人可谓是中华民族永恒的教育价值追求,绵延不断,源远流长!习近平总书记指出:"我国是一个有着 13 亿多人口、56 个民族的大国,确立反映全国各族人民共同认同的价值观'最大公约数',使全体人民同心同德、团结奋进,关乎国家前途命运,关乎人民幸福安康。"③ 他强调必须把培育和弘扬社会主义核心价值观作为凝魂聚气、强基固本的基础工程。社会主义核心价值观就是我们这个时代的德的最大公约数,是时代之大德。深化教育体制改革,健全立德树人落实机制。按照习近平总书记提出的要求,扭转不科学的教育评价导向,坚决克服"唯分数、唯升学、唯文凭、唯论文、唯帽子"的顽瘴痼疾,从根本上解决教育评价指挥棒问题;深化办学体制和教育管理改革,充

---

① 邓小平 . 邓小平文选:第 3 卷 [M]. 北京:人民出版社,1993:205.
②③ 习近平 . 在北京大学师生座谈会上的讲话 [N]. 人民日报,2018 - 05 - 03 (2).

分激发教育事业发展生机活力；提升教育服务经济社会发展能力，调整优化高校区域布局、学科结构、专业设置，建立健全学科专业动态调整机制，加快一流大学和一流学科建设，推进产学研协同创新，积极投身实施创新驱动发展战略，着重培养创新型、复合型、应用型人才。

其二，培养德智体美劳全面发展的社会主义建设者和接班人是教育的根本任务。教育事业必须为社会主义建设培养热爱党、热爱社会主义祖国，具有为国家富强和人民富裕艰苦奋斗的献身精神，不断追求新知，实事求是，勇于创新的建设者和接班人就要准确把握立德树人这一根本任务，因此要切实加强和改进未成年人思想道德建设和大学生思想政治教育工作，培养学生对中国共产党领导、社会主义制度的信念和信心，培养学生团结互助、诚实守信、遵纪守法、艰苦奋斗的良好品质，培养学生对于社会主义建设事业的责任感、荣誉感和使命感。要努力培养德智体美劳全面发展的社会主义建设者和接班人，形成更高水平的人才培养体系。把德育放在首位，必须不断加强党的基本路线教育，对学生进行爱国主义、集体主义和社会主义三个方面的教育，促进学生逐步树立科学、正确的世界观、人生观和价值观，不断提高大学生的政治素质、理论素质、思想素质、道德素质和心理素质。

始终坚持立德树人，以德为先，把深入开展中国特色社会主义宣传教育和理想信念教育作为校园宣传教育的主旋律。引导学生把远大理想变成现实，既要有真学问、真本领，又要有锲而不舍、自强不息的韧性，从点滴做起，脚踏实地，把远大理想落实到每一天的实际行动中，锤炼坚强的意志品格，培养开拓创新的进取精神，历练不怕失败的心理素质，保持向上向善的人生态度。

其三，新时代必须坚持用习近平新时代中国特色社会主义思想铸魂育人。贯彻党的教育方针，加强高校党的建设，必须坚持马克思主义指导地位，坚持社会主义办学方向，落实立德树人的根本任务，全面提升中国特色社会主义学校育人育才水平。必须以习近平新时代中国特色社会主义思想为指导，坚持把立德树人的成效作为检验学校一切工作的根本标准，坚持马克思主义指导地位，把党对教育事业的全面领导贯彻好、落实好，使教育做到面向现代化、面向世界、面向未来，培养真正"有理想、有道德、有文化、有纪律"的"四有"新人。把立德树人融入思想道德教育、文化知识教育、社会实践教育各环节，贯穿基础教育、职业教育、高等教育各领域。深入贯彻习近平总书记重要讲话精神，进一步明确高校党建和思想政治工作的目的和初衷，推进高校党的建设和思想政治工作，为培养德智体美劳全面发展的社会主义建设者和接班人提供坚强保证。习近平总书记指出，培养什么人，是教育的首要问题，要把立德树人的成效作为检验学校一切工作的根本标准。"国无德不兴，人无德不立。"立德树人，就是我们的教育必须把培养社会主义建设者和接班人作为根本任务，培养一代又一代拥护中国共产党领导和中国特色社会主义制度、立志为中国特色社会主义建设事业奋斗终身的有用人才。

培养社会主义建设者和接班人，是立德树人的现实追求。要教育引导学生正确认识世界和中国发展大势，正确认识中国特色并进行国际比较，正确认识时代责任和历史使命，正确认识远大抱负和脚踏实地，才能全面提高学生思想政治素质，让学生成为德才兼备、全面发展的人才。要按照习近平总书记提出的要求，在坚定理想信念上下功夫，在厚植爱国主义情怀上下功夫，在加强品德修养上下功夫，在增长知识见识上下功夫，在培养奋斗精神上下功夫，在增强综合素质上下功夫。

2. 坚持社会主义办学方向，为全面提高教师队伍素质提供可靠保证

学校教育的办学主体是教师，形成办学特色的关键在教师，提高办学质量的关键在教师，加强学校内涵建设的关键在教师，加强和改进思想政治教育的关键还是在教师。坚持社会主义办学方向，意味着在教师队伍建设上整体推进，打造一支为社会主义事业培养建设者和接班人的坚强队伍。

其一，确保党牢牢掌握教师队伍建设的领导权，保证教师队伍建设正确的政治方向。教师是人类灵魂的工程师，是人类文明的传承者，承载着传播知识、传播思想、传播真理，塑造灵魂、塑造生命、塑造新人的时代重任。实现高等教育内涵式发展，就要按照习近平总书记提出的"坚持把教师队伍建设作为基础工作"的要求，从培养社会主义建设者和接班人的高度，建设一支德才兼备的教师队伍。要把提高教师思想政治素质和职业道德水平摆在首要位置，把社会主义核心价值观贯穿教书育人全过程，推动教师成为先进思想文化的传播者、党执政的坚定支持者、学生健康成长的指导者。要把教师工作置于教育事业发展的重点支持战略领域，打造政治过硬、业务精湛的高素质、专业化、创新型教师队伍。高校广大教师既要有深厚的学科专业素养，更要有过硬的思想政治素质；既要有热爱教育的定力，更要有淡泊名利的坚守；既要学为人师，更要行为世范。要带头践行社会主义核心价值观，自觉增强立德树人、教书育人的荣誉感、使命感和责任感，做学生健康成长的指导者和引路人。党委教师工作部要带领全体教师认真总结队伍建设经验，使其成为推进教师队伍建设与改革的重要力量，为祖国培养更多的德才兼备、全面发展的高素质人才。

其二，强化教师队伍的理想信念与思想道德建设。教师队伍的理想信念和思想道德建设的水平，决定和制约中国教育事业发展的程度。坚持社会主义办学方向，关键在于塑造一支坚定拥护和贯彻党的社会主义教育方针、积极引导学生成长成才的教师队伍。2019 年 3 月 18 日，习近平总书记主持召开学校思想政治理论课教师座谈会并发表重要讲话，强调"思想政治理论课是落实立德树人根本任务的关键课程"。要求广大思政课教师真正做到"六个要"——政治要强、情怀要深、思维要新、视野要广、自律要严、人格要正，努力给学生心灵埋下真善美的种子，引导学生扣好人生第一粒扣子。

百年大计，教育为本；教育大计，教师为本。坚持社会主义办学方向，就要不断引导教师努力成为先进思想文化的传播者、党执政的坚定支持者，更好担起学生健康成长指导者和引路人的责任。同时，广大教师要更加自觉地锤炼心智、修身立德，以德立身、以德立学、以德施教，把言传和身教相统一，以高尚的人格魅力赢得学生敬仰，以模范的言行举止为学生树立榜样。为深入贯彻落实党的十九大精神，造就党和人民满意的高素质专业化创新型教师队伍，落实立德树人根本任务，培养德智体美劳全面发展的社会主义建设者和接班人，全面提升国民素质和人力资源质量，加快教育现代化，建设教育强国，办好人民满意的教育，为决胜全面建成小康社会、夺取新时代中国特色社会主义伟大胜利、实现中华民族伟大复兴的中国梦奠定坚实基础。

其三，大力提高教师队伍的责任感与使命感。教育成效的关键在教师。牢固树立中国特色社会主义理想信念，牢固树立终身学习理念，牢固树立改革创新意识；坚持教书和育人相统一，坚持言传和身教相统一，坚持潜心问道和关注社会相统一，坚持学术自由和学术规范相统一；成为有理想信念、有道德情操、有扎实学识、有仁爱之心的"四有"好老师；做学生锤炼品格的引路人，做学生学习知识的引路人，做学生创新思维的引路人，做学生奉献祖国的引路人。

在意识形态领域，各级各类学校尤其是高校正面临一场"没有硝烟的战争"。而要打赢这场战争，广大教师必须坚定自信，努力提高对中国特色教育事业的责任感和使命感，毫不动摇、旗帜鲜明地坚持社会主义办学方向，把培养社会主义建设者和接班人作为其根本任务。特别是高校教师，其思想政治状况具有很强的示范性，要认真贯彻落实党的教育方针，成为先进思想文化的传播者、党执政的坚定支持者，时刻重视用习近平新时代中国特色社会主义思想武装头脑，不断学习，努力实现全员思政、全课程思政，把坚定高校师生党员的理想信念作为思想建设的首要任务。同时，要完善教师的准入制度和升职机制，强化教师奖惩机制，做到既激发教师积极性和创造性，又提高教师队伍的科学性和先进性。要加强师德师风建设，定期开展职业道德教育、师德多元评价活动、模范教师表彰活动，增强教师教书育人的责任感和使命感。

3. 坚持社会主义办学方向，为实现教育内涵式发展指明了路径

目前，我国尽管已经实现了教育发展整体规模的布局，但与西方发达国家的教育质量相比，还有一定差距。未来的教育向何处去，这是一个关系到十几亿人的百年大计。我国在基础教育已经基本普及的情况下，面临全面推行素质教育、全面提升高等教育内涵的重任。党的十九大报告明确提出，加快一流大学和一流学科建设，实现高等教育内涵式发展。加快推进内涵式发展，以

全国教育大会精神为指引，完成高等教育内涵式发展这一重大而神圣的时代课题。实现教育事业的内涵式发展，强调质的提升，为社会主义事业服务，为实现社会主义现代化服务，为实现建设社会主义现代化强国服务。

其一，坚持走以促进公平和提高质量为重点的教育内涵式发展道路。实现教育内涵式发展，全面提升教育教学质量，是摆在我们面前最根本的任务。我们党始终坚持教育的公平性、公益性和普惠性，切实保障公民享有接受良好教育的机会，让人民群众共享教育发展的果实。在党的领导下，我国教育经过数年发展，已经构建了较为完备的教育体系，尤其是随着国家经济社会的快速发展，教育也经历了一个由量变到质变的过程。我们应立足我国社会主义初级阶段的基本国情，准确把握教育发展的阶段性与地区性特征，把全面提高质量作为教育改革发展的核心任务，做到统筹兼顾与适当安排相结合的原则，坚持公共教育资源和相关教育政策向中西部地区、贫困地区、农村地区倾斜，通过优惠政策吸引人才，留住人才，努力解决制约教育事业发展的突出问题，逐步实现基本公共教育服务均等化，不断满足人民群众多层次、多样化的教育需求。同时，还需要从全国范围内树立以提高质量为核心的教育发展观，强化教学环节，大力开展第二课堂教学和实践教学，努力创新慕课、翻转课堂等多种教学方式，激发学生自主学习能力，提高学生的创新意识，切实提高教育质量。在管理上，建立以提高教育质量为导向的管理制度和工作机制，使管理资源和教学资源向本科教学倾斜。制定各级各类学校教学质量标准体系，使教学有章可循，但又保持灵活性与自主性。

其二，努力把学校办得更有特色、办出更高水平，更好地服务国家和地方经济社会发展。学校教育内涵式发展的最终目标是服务经济社会发展，引领人类社会向更高目标迈进，这既是党和国家关于教育发展的大政方针，也是学校办学的必然要求。教育不仅承载着传播思想、传播真理、塑造灵魂的时代重任，也承载着实现中华民族伟大复兴的重要使命。教育兴则国兴，教育强则国强，我国向社会主义现代化强国迈进最重要的环节就是成为教育大国、教育强国。就目前而言，我国与世界发达国家在教育领域还有不小的差距，这与我国已是世界第二大经济体的地位还不相称。因此，我们要努力把学校办得更有特色，办出更高水平，全面提高教育水平。

当前，加快"双一流"建设和实现高等教育内涵式发展，是推进新时代高等教育改革发展的两翼。加快"双一流"建设主要针对的是研究型大学，旨在通过创造性人才培养和知识创新，缩小与世界高等教育强国的差距。同时，中国要从制造大国向制造强国迈进，要做到引领世界的制造水平，也必须要有强大的科技支撑，要能体现强大的研究能力，这就需要努力推进"一流大学"和"一流学科"建设。大力加强研究型的高水平大学建设，通过区域协同与行业协同，实现一流大学的率先发展，适应国家和地方经济社会发展需要，引导更多大学向高水平大学迈进。全面深化改革开放，将进一步为教育内涵式发展消除体制机制障碍，成为推动教育内涵式发展的强大动力。加大核心环节的改革力度，加快关键领域的改革步伐，创新人才培养与管理体制，转变教学模式、思维、方法，逐渐形成与建立社会主义市场经济体制和全面建设小康目标相适应的科学的、先进的教育体制机制，解决好经济社会发展过程中多样化人才和技术型人才相对短缺、人才培养模式过于僵化的问题，为教育内涵式发展提供强大动力。在当前形势下，我国应充分利用国际国内两种教育资源，坚持以我为主、为我所用的原则，创新拓展高等教育的内涵。

其三，为促进国民素质提高和社会文明进步发挥更大的作用。"为谁培养人、培养什么人、怎样培养人"，是教育的根本问题。坚持社会主义办学方向，就是为我国社会主义现代化建设培养人，为新时代我国高等教育事业的发展指明了前进方向。培养什么人，是教育的首要问题。在高等教育的发展规划上，既要有相对可供共同遵循的基本原则，也要有增强高校自主办学的制度保障，尤其要保证各级各类高校人才培养与自身办学定位相吻合，满足受教育者的高等教育意愿，培养适合国家不同层次需要的专门人才与通用型人才。为谁培养人，就是要立场坚定地表明我国发展社会主义教育的目标就是为中国特色社会主义的现实和未来服务，为人民服务，为中国共产党治国理政服务，为巩固和发展中国特色社会主义制度服务，为改革开放和社会主义现代化建设服务。如何培养人，是社会主义办学方向的重要表现。在人才培养全过程中，巩固马克思主义在高校意识形态领域的指导地位是其基本环节。高校政治理论课要积极主动地转变传统授课模式，发挥塑造学生思维和提高学生能力的作用，并把中国特色社会主义思想贯穿人才培养全过程，引导学生增强"四个意识"，强化社会主义大学的阵地意识，真正做到学而信、学而用、学而行，为发展中国特色社会主义和实现中华民族伟大复兴做出新的更大的贡献。

总之，中国教育事业是伴随马克思主义中国化而发展的。坚持社会主义办学方向，进一步突出马克思主义的指导地位，突出意识形态教育的重要性，丰富和发展了马克思主义教育理论。马克思主义是真理，但它并非是停留于书斋的理论，而是必然要为群众所掌握的理论。各级各类学校的广大党员干部、教职员工要通过对马克思主义的真学、真懂、真信、真用，加强理论学习，加强自我修养，切实掌握好马克思主义理论体系，提高马克思主义理论水平，使之自觉成为指导教学、科研等各项事业的指南。受教育者养成终身学习马克思主义理论的习惯，将个人命运与国家命运紧密结合，成为社会主义事业的建设者、维护者、传承者。突出马克思主义的指导地位，这是我国教育发展的必然要求，为真正形成"在马言马""在马信马"的大好局面提供理论根基。

2018 年 5 月，习近平总书记在与北京大学师生座谈时指出，"教育要培养德智体美全面发展的社会主义建设者和接班人"，"培养社会主义建设者和接班人，是我们党的教育方针，是我国各级各类学校的共同使命"[①]。培养一代又一代拥护中国共产党领导和我国社会主义制度、立志为中国特色社会主义奋斗终身的有用人才，是教育工作的根本任务，也是教育现代化的方向目标。为此，我们在实现教育内涵式发展的同时，要以更加开放的姿态不断扩大对外开放，坚持"请进来""走出去"，与世界高水平大学、科研机构开展实质性合作，学习、借鉴它们先进的办学理念和经验，努力探索中外合作办学新模式，实现资源共享、互利共赢，培养具有国际视野的高层次人才，增强跟踪国际学术前沿的能力，全面提升我国教育的国际化程度，提高国际竞争力，为实现中华民族伟大复兴和"两个一百年"奋斗目标而努力。

---

① 习近平. 在北京大学师生座谈会上的讲话［N］. 人民日报，2018－05－03（1）.

# 参考文献

[1] 毛泽东. 毛泽东选集：第 2 卷 ［M］. 2 版. 北京：人民出版社，1991.

[2] 毛泽东. 毛泽东选集：第 3 卷 ［M］. 2 版. 北京：人民出版社，1991.

[3] 邓小平. 邓小平文选：第 2 卷 ［M］. 2 版. 北京：人民出版社，1994.

[4] 邓小平. 邓小平文选：第 3 卷 ［M］. 北京：人民出版社，1993.

[5] 毛泽东. 毛泽东文集：第 7 卷 ［M］. 北京：人民出版社，1999.

[6] 江泽民. 江泽民文选：第 3 卷 ［M］. 北京：人民出版社，2006.

[7] 胡锦涛. 胡锦涛文选：第 3 卷 ［M］. 北京：人民出版社，2016.

[8] 毛泽东. 毛泽东论教育 ［M］. 北京：人民教育出版社，2008.

[9] 马克思，恩格斯. 马克思恩格斯选集：第 1 卷 ［M］. 3 版. 北京：人民出版社，2012.

[10] 马克思，恩格斯．马克思恩格斯文集：第 2 卷［M］．北京：人民出版社，2009.

[11] 习近平．习近平谈治国理政［M］．北京：外文出版社，2014.

[12] 习近平．习近平谈治国理政：第 2 卷［M］．北京：外文出版社，2017.

[13] 中共中央文献研究室．十八大以来重要文献选编：上［M］．北京：中央文献出版社，2014.

[14] 中共中央宣传部．习近平总书记系列重要讲话读本［M］．北京：学习出版社，2016.

[15] 习近平．决胜全面建成小康社会　夺取新时代中国特色社会主义伟大胜利：在中国共产党第十九次全国代表大会上的报告［M］．北京：人民出版社，2017.

[16] 教育部课题组．深入学习习近平关于教育的重要论述［M］．北京：人民出版社，2019.

[17] 中共中央宣传部．习近平新时代中国特色社会主义思想学习纲要［M］．北京：人民出版社，2019.

[18] 政协全国委员会办公厅，中共中央文献研究室．人民政协重要文献选编：上册［M］．北京：中国文史出版社，2009.

[19] 中共中央文献研究室．建国以来重要文献选编：第 1 册［M］．北京：中央文献出版社，1992.

[20] 中共中央文献研究室．建国以来重要文献选编：第 11 册［M］．北京：中央文献出版社，1995.

[21] 江西省档案馆，中共中央省委党校党史教研室．中央革命根据地史料选编：下册［M］．南昌：江西人民出版社，1982.

[22] 孙培青．中国教育史（修订版）［M］．上海：华东师范

大学出版社，2000.

[23] 中国教育科学研究院. 教育强国之道［M］. 北京：教育科学出版社，2018.

[24] 中共中央文献研究室. 毛泽东著作专题摘编（下）［M］. 北京：中央文献出版社，2003.

[25] 中共中央文献研究室. 习近平关于社会主义文化建设论述摘编［M］. 北京：中央文献出版社，2017.

[26] 习近平. 在庆祝中国共产党成立 95 周年大会上的讲话［N］. 人民日报，2016－07－02.

[27] 习近平. 在北京大学师生座谈会上的讲话［N］. 人民日报，2018－05－03.

[28] 习近平. 在同各界优秀青年代表座谈时的讲话［N］. 人民日报，2013－05－05.

[29] 习近平. 在庆祝"五一"国际劳动节暨表彰全国劳动模范和先进工作者大会上的讲话［N］. 人民日报，2015－04－29.

[30] 习近平. 做党和人民满意的好老师：同北京师范大学师生代表座谈时的讲话［N］. 人民日报，2014－09－10.

[31] 习近平. 坚持中国特色社会主义教育发展道路 培养德智体美劳全面发展的社会主义建设者和接班人［N］. 人民日报，2018－09－11.

[32] 习近平. 全面贯彻落实党的教育方针 努力把我国基础教育越办越好［N］. 人民日报，2016－09－10.

[33] 习近平. 在哲学社会科学工作座谈会上的讲话［N］. 人民日报，2016－05－19.

[34] 习近平主持召开学校思想政治理论课教师座谈会强调 用新时代中国特色社会主义思想铸魂育人 贯彻党的教育方针

落实立德树人根本任务［N］．人民日报，2019－03－19．

［35］习近平在全国高校思想政治工作会议上强调　把思想政治工作贯穿教育教学全过程　开创我国高等教育事业发展新局面［N］．人民日报，2016－12－09．

［36］中共中央关于坚持和完善中国特色社会主义制度　推进国家治理体系和治理能力现代化若干重大问题的决定［N］．人民日报，2019－11－06．

［37］加快推进教育现代化实施方案（2018—2022年）［N］．人民日报，2019－02－24．

［38］加强中国特色新型智库建设［N］．人民日报，2015－01－21．

［39］习近平．中国共产党领导是中国特色社会主义最本质的特征［J］．求是，2020（14）．

［40］陈宝生．落实　落实　再落实：在2019年全国教育工作会议上的讲话［J］．人民教育，2019（Z1）．

［41］顾明远．马克思主义教育思想在中国：纪念马克思诞生200周年［J］．北京师范大学学报（社会科学版），2018（3）．

［42］朱庆葆，章兴鸣．教育必须为中国共产党治国理政服务［J］．中国高等教育，2019（Z3）．

［43］夏文斌．改革开放以来中国高等教育的新发展［J］．中国高等教育，2018（19）．

［44］杨照帅．新时代思想政治教育与创新人才培养［J］．人民论坛，2018（32）．

# 后 记

　　本书由江南大学党委书记朱庆葆担任主编，从研究意义、撰写思路、章节布局、内容把握、改进方向等方面全面负责了书稿撰写和修改完善工作。江南大学党委宣传部部长倪松涛、江南大学马克思主义学院院长刘焕明负责书稿撰写的组织协调工作，并对书稿优化提出了意见建议。各章撰写人员如下：绪论及"坚持社会主义办学方向的基本逻辑"由任俊老师撰写，"教育必须为人民服务"由刘俊杰老师撰写，"教育必须为中国共产党治国理政服务"由章兴鸣老师撰写，"教育必须为巩固和发展中国特色社会主义制度服务"由程玉祥老师撰写，"教育必须为改革开放和社会主义现代化建设服务"由杨捷老师撰写，"坚持社会主义办学方向的理论意义和时代价值"由刘大禹老师撰写。

　　另外，江南大学马克思主义学院张云霞、万长松、侯勇，党委宣传部李博、孔丽丹等为编写工作贡献了智慧。在此一并致谢！

　　由于种种局限，本书难免存在不足与疏漏，敬请广大读者批评指正。

编　者

2020 年 11 月

图书在版编目（CIP）数据

坚持社会主义办学方向 / 朱庆葆主编 . -- 北京：
中国人民大学出版社，2021.10
（新时代马克思主义教育理论创新与发展研究丛书 /
靳诺总主编）
ISBN 978-7-300-29956-3

Ⅰ.①坚… Ⅱ.①朱… Ⅲ.①办学方针-研究-中国
Ⅳ.①G510

中国版本图书馆 CIP 数据核字（2021）第 208727 号

国家出版基金项目
新时代马克思主义教育理论创新与发展研究丛书
总主编　靳　诺
执行主编　翟　博　张　剑
**坚持社会主义办学方向**
朱庆葆　主编
Jianchi Shehui Zhuyi Banxue Fangxiang

| 出版发行 | 中国人民大学出版社 | | |
|---|---|---|---|
| 社　　址 | 北京中关村大街 31 号 | 邮政编码 | 100080 |
| 电　　话 | 010 - 62511242（总编室） | 010 - 62511770（质管部） | |
| | 010 - 82501766（邮购部） | 010 - 62514148（门市部） | |
| | 010 - 62515195（发行公司） | 010 - 62515275（盗版举报） | |
| 网　　址 | http://www.crup.com.cn | | |
| 经　　销 | 新华书店 | | |
| 印　　刷 | 涿州市星河印刷有限公司 | | |
| 规　　格 | 170 mm×240 mm　16 开本 | 版　　次 | 2021 年 10 月第 1 版 |
| 印　　张 | 15.5 插页 2 | 印　　次 | 2021 年 10 月第 1 次印刷 |
| 字　　数 | 178 000 | 定　　价 | 78.00 元 |